LES
AUTEURS LATINS

EXPLIQUÉS D'APRÈS UNE MÉTHODE NOUVELLE

PAR DEUX TRADUCTIONS FRANÇAISES

L'UNE LITTÉRALE ET JUXTALINÉAIRE PRÉSENTANT LE MOT A MOT FRANÇAIS
EN REGARD DES MOTS LATINS CORRESPONDANTS
L'AUTRE CORRECTE ET PRÉCÉDÉE DU TEXTE LATIN

avec des sommaires et des notes

PAR UNE SOCIÉTÉ DE PROFESSEURS

ET DE LATINISTES

VIRGILE

—

LE VIe LIVRE DE L'ÉNÉIDE

EXPLIQUÉ, ANNOTÉ ET REVU POUR LA
TRADUCTION FRANÇAISE

PAR M. A. DESPORTES

Traducteur des Satires de Perse

PARIS

LIBRAIRIE DE L. HACHETTE ET Cie

RUE PIERRE-SARRAZIN, N° 14

(Près de l'École de médecine)

LES

AUTEURS LATINS

EXPLIQUÉS D'APRÈS UNE MÉTHODE NOUVELLE

PAR DEUX TRADUCTIONS FRANÇAISES

Ce sixième livre de l'*Énéïde* a été expliqué, annoté et revu pour la traduction française par M. Aug. Desportes, traducteur des Satires de Perse.

Ch. Lahure, imprimeur du Sénat et de la Cour de Cassation (ancienne maison Crapelet), rue de Vaugirard, 9.

LES
AUTEURS LATINS

EXPLIQUÉS D'APRÈS UNE MÉTHODE NOUVELLE

PAR DEUX TRADUCTIONS FRANÇAISES

L'UNE LITTÉRALE ET JUXTALINÉAIRE PRÉSENTANT LE MOT A MOT FRANÇAIS
EN REGARD DES MOTS LATINS CORRESPONDANTS
L'AUTRE CORRECTE ET PRÉCÉDÉE DU TEXTE LATIN

avec des sommaires et des notes

PAR UNE SOCIÉTÉ DE PROFESSEURS

ET DE LATINISTES

VIRGILE

SIXIÈME LIVRE DE L'ÉNÉIDE

PARIS

LIBRAIRIE DE L. HACHETTE ET Cie

RUE PIERRE-SARRAZIN, N° 14

(Près de l'Ecole de médecine)

1857

AVIS

RELATIF A LA TRADUCTION JUXTALINÉAIRE.

On a réuni par des traits les mots français qui traduisent un seul mot latin.

On a imprimé en *italiques* les mots qu'il était nécessaire d'ajouter pour rendre intelligible la traduction littérale, et qui n'avaient pas leur équivalent dans le latin.

Enfin, les mots placés entre parenthèses doivent être considérés comme une seconde explication, plus intelligible que la version littérale.

ARGUMENT ANALYTIQUE.

Enée aborde à Cumes, ville d'Italie, vers 1-9.—Il se rend à l'antre de la Sibylle. Paroles de la Sibylle à Énée. Prière d'Énée à Apollon. Oracle que rend la Sibylle, 9-102. — Énée demande à descendre aux Enfers pour y voir son père Anchise, 102-125. — Réponse de la Sibylle. Instructions qu'elle lui donne pour se diriger dans son projet, 125-156. — Énée rencontre le cadavre de Misène. Il découvre le rameau d'or qui doit être offert à Proserpine. Funérailles de Misène, 156-255. — Énée et la Sibylle descendent aux Enfers. Charon; son portrait; ses fonctions dans les Enfers, 255-336. — Énée rencontre l'ombre de Palinure, qui lui demande la sépulture, 337-384. — Énée arrive au Styx. Cerbère. Le champ des pleurs. Énée y trouve Didon; leur entrevue, 384-477. — Ombres des guerriers. Déiphobe raconte ses malheurs à Énée, 478-548. — Description du Tartare : Tisiphone, les Titans, Salmonée, Tityus, Ixion, Pirithoüs, Thésée, etc., 548-633. — Séjour des bienheureux; princes troyens; Orphée; Musée, 633-679. — Énée retrouve son père Anchise, qui lui explique les différents états et les divers séjours des âmes après la mort, 680-752.—Anchise montre à Énée toute la suite de ses descendants, dont les ombres viennent successivement s'offrir à leurs yeux sur les bords du fleuve Léthé. Rois d'Albe. Auguste. Rois de Rome. Brutus, Décius, Drusus, Torquatus, César et Pompée, 752-835. — Mummius, Caton. Les Gracques, les Scipions, Cincinnatus, 836-854. — Marcellus, vainqueur d'Annibal. Eloge du jeune Marcellus, neveu et gendre d'Auguste, 854-891.—Anchise fait sortir Enée des Enfers par la porte d'ivoire, 892-901.

ÆNEIS.

LIBER VI.

———

Sic fatur lacrimans, classique immittit habenas,
Et tandem Euboicis Cumarum allabitur oris [1].
Obvertunt pelago proras : tum dente tenaci
Anchora fundabat naves, et littora curvæ
Prætexunt puppes. Juvenum manus emicat ardens   5
Littus in Hesperium : quærit pars semina flammæ
Abstrusa in venis silicis; pars, densa ferarum
Tecta, rapit silvas, inventaque flumina monstrat.
  At pius Æneas arces quibus altus Apollo
Præsidet, horrendæque procul secreta Sibyllæ,   10
Antrum immane, petit : magnam cui mentem animumque
Delius inspirat vates [2], aperitque futura.
Jam subeunt Triviæ [3] lucos, atque aurea tecta.
Dædalus, ut fama est, fugiens Minoia regna [4],
Præpetibus pennis ausus se credere cœlo,   15

    Le héros parlait ainsi les larmes aux yeux, et sa flotte, voguant
à toutes voiles, aborde enfin à la rade de Cumes, ville fondée par
une colonie d'Eubéens. On tourne la proue vers la mer; l'ancre à
la dent mordante affermit les navires, et les poupes recourbées bor-
dent le rivage. Une jeunesse ardente s'élance sur les plages d'Hes-
périe. Les uns font jaillir des veines du caillou le feu qu'elles recè-
lent; les autres explorent les forêts, noires retraites des bêtes farou-
ches, et montrent les sources qu'ils ont découvertes.
    Énée, de son côté, dirige ses pas vers le mont où Apollon ré-
side, et vers l'antre écarté, demeure sombre et profonde de la Si-
bylle, prêtresse vénérable, à qui le dieu de Délos inspire un en-
thousiasme divin, et révèle les secrets de l'avenir. Déjà ils entrent
dans le bois sacré d'Hécate; déjà ils approchent d'un édifice tout
éclatant d'or. Dédale, si l'on en croit la renommée, fuyant les lieux
où régnait Minos, osa s'élever dans les airs sur des ailes rapides;

ÉNÉIDE.

LIVRE VI.

Fatur sic lacrimans,
immittitque habenas classi,
et tandem allabitur
oris Euboicis Cumarum.
Obvertunt proras pelago :
tum anchora dente tenaci
fundabat naves,
et puppes curvæ
prætexunt littora.
Manus ardens juvenum
emicat in littus Hesperium ;
pars quærit
semina flammæ
abstrusa in venis silicis ;
pars rapit silvas,
tecta densa ferarum,
monstratque
flumina inventa.
    At pius Æneas petit arces
quibus præsidet
altus Apollo,
secretaque,
antrum immane,
Sibyllæ horrendæ procul,
cui vates Delius
inspirat magnam mentem
animumque,
aperitque futura.
Jam subeunt
lucos Triviæ
atque tecta aurea.
Dædalus, ut fama est,
fugiens regna Minoia,
ausus se credere cœlo
pennis præpetibus,
enavit

Il parle ainsi pleurant,
et il lâche les rênes (les voiles) à la flotte,
et enfin il aborde
aux rives Eubéennes de Cumes.
Ils tournent les proues vers la mer :
alors l'ancre, d'une dent tenace,
fixait (retenait) les navires,
et les poupes recourbées
bordent les rivages.
Une troupe ardente de jeunes-gens
s'élance sur le rivage de-l'Hespérie ;
une partie cherche
les semences (les étincelles) de la flamme
cachées dans les veines du caillou ;
une *autre* partie dépouille les forêts,
abris épais des bêtes-sauvages,
et indique
les ruisseaux *qu'elle a* trouvés.
    Mais le pieux Énée gagne les hauteurs
sur lesquelles est assis
le *temple* élevé *d'*Apollon
et les *demeures* retirées,
antre immense,
de la Sibylle redoutable au loin,
à qui le prophète de-Délos (Apollon)
inspire une grande intelligence
et un *grand* cœur,
et *à qui* il découvre les choses futures.
Déjà ils pénètrent
sous les bois-sacrés de Diane
et sous les toits d'-or *du temple*.
Dédale, comme la renommée est,
fuyant les royaumes de-Minos,
ayant osé se confier au ciel (aux airs)
avec des ailes rapides,
s'échappa-en-nageant (en volant)

Insuetum per iter gelidas enavit ad Arctos [1],
Chalcidicaque levis tandem super adstitit arce.
Redditus his primum terris, tibi, Phœbe, sacravit
Remigium alarum, posuitque immania templa.
In foribus lethum Androgeo; tum pendere pœnas   20
Cecropidæ [2] jussi (miserum!) septena quotannis
Corpora natorum : stat ductis sortibus urna.
Contra elata mari respondet Gnossia tellus [3] :
Hic crudelis amor tauri, suppostaque furto
Pasiphae, mixtumque genus, prolesque biformis   25
Minotaurus inest, veneris monumenta nefandæ;
Hic labor ille domus, et inextricabilis error.
Magnum reginæ sed enim miseratus amorem
Dædalus, ipse dolos tecti ambagesque resolvit,
Cæca regens filo vestigia. Tu quoque magnam   30
Partem opere in tanto, sineret dolor, Icare, haberes!
Bis conatus erat casus effingere in auro,
Bis patriæ cecidere manus. Quin protinus omnia
Perlegerent oculis, ni jam præmissus Achates

et, dirigeant sa course par ces routes hardies, vers les froides con-
trées de l'Ourse, il suspendit enfin son vol au-dessus de la citadelle
chalcidienne. Ce fut là que, rendu pour la première fois à la terre,
il te consacra, ô Phébus! ses ailes merveilleuses, et bâtit en ton
honneur un temple magnifique. Sur la porte il avait représenté la
mort d'Androgée et les descendants de Cécrops, en punition de ce
crime, forcés d'envoyer chaque année (funeste tribut!) sept de leurs
enfants. On voit l'urne fatale d'où l'on a tiré leurs noms. Vis-à-vis
s'élève au-dessus des eaux l'île de Crète : là, sont les horribles
amours de Pasiphaé, sa passion pour un taureau; et le Minotaure,
fruit monstrueux de cette ardeur abominable. Là est aussi cet édi-
fice merveilleux où l'on s'égare sans espoir de retour. Mais enfin,
touché de compassion pour les tourments de la princesse, débrouil-
lant les détours de ces routes tortueuses, Dédale lui-même guida
avec un fil les pas incertains de son amant. Et toi, malheureux
Icare, quelle place ne tiendrais-tu pas aussi dans ces chefs-d'œuvre,
si la douleur de ton père l'eût permis! Deux fois il essaya de
représenter sur l'or ta chute déplorable, deux fois le burin
tomba de ses mains paternelles. Les Troyens auraient parcouru
des yeux le reste de ces merveilles, si Achate, qu'Énée avait
envoyé devant lui, ne fût revenu alors, et avec lui la prêtresse

per iter insuetum	par un chemin inaccoutumé
ad Arctos gelidas,	vers les Ourses glacées,
levisque	et léger
adstitit tandem	s'arrêta enfin
super arce Chalcidica.	au-dessus de la citadelle de-Chalcis.
Primum redditus his terris	D'abord rendu à ces terres
sacravit tibi, Phœbe,	il consacra à toi, Phébus,
remigium alarum,	les rames de *ses* ailes,
posuitque templa immania.	et *t*'éleva un temple immense.
Lethum Androgeo	La mort d'Androgée
in foribus ;	*est représentée* sur les portes ;
tum Cecropidæ jussi,	puis les Cécropides condamnés,
miserum ! pendere pœnas	chose malheureuse ! à payer *pour* peines
quotannis	tous-les-ans
septena corpora natorum :	sept corps de *leurs* enfants :
urna stat sortibus ductis.	l'urne est-là *après* les sorts tirés.
Tellus Gnossia elata mari	La terre de-Gnosse élevée sur la mer
respondet contra.	répond (se montre) vis-à-vis.
Hic inest amor crudelis	Là est *représenté* l'amour violent
tauri,	du (pour le) taureau,
Pasiphaeque supposta furto,	et Pasiphaé substituée par tromperie,
genusque mixtum,	et une race mélangée,
Minotaurusque	et le Minotaure
proles biformis,	rejeton à-deux-formes,
monumenta	monument
veneris nefandæ.	d'une passion abominable.
Hic ille labor domus,	Là *est* ce *fameux* travail du palais,
et error inextricabilis.	et les détours inextricables (le labyrinthe).
Sed enim Dædalus,	Mais *non pas inextricable,* car Dédale,
miseratus	ayant pitié
magnum amorem	du grand amour
reginæ,	de la reine (Ariane),
resolvit ipse dolos	débrouilla lui-même les artifices
rmbagesque tecti,	et les sinuosités de l'édifice,
aegēns filo	dirigeant par un fil
vestigia cæca.	les pas incertains *de Thésée.*
Tu quoque, Icare,	Toi aussi, Icare,
haberes magnam partem	tu aurais une grande part
in tanto opere,	dans un si-grand ouvrage,
dolor sineret !	*si* la douleur *l*'eût permis *à ton père !*
Bis conatus erat	Deux-fois il s'était efforcé
effingere in auro casus :	de représenter sur l'or *tes* malheurs :
bis manus patriæ cecidere.	deux fois *ses* mains paternelles tombèrent.
Quin perlegerent ocŭlis	Cependant ils auraient parcouru des yeux
protinus omnia,	sans-interruption toutes *ces* choses,
ni jam Achates	si déjà Achate
præmissus	envoyé-en-avant

Afforet, atque una Phœbi Triviæque sacerdos,　　　　35
Deiphobe Glauci [1], fatur quæ talia regi :
« Non hoc ista sibi tempus spectacula poscit;
Nunc grege de intacto septem mactare juvencos
Præstiterit, totidem lectas de more bidentes. »
Talibus affata Ænean (nec sacra morantur　　　　40
Jussa viri), Teucros [2] vocat alta in templa sacerdos.
　　Excisum Euboïcæ latus ingens rupis in antrum,
Quo lati ducunt aditus centum, ostia centum,
Unde ruunt totidem voces, responsa Sibyllæ.
Ventum erat ad limen, quum virgo : « Poscere fata　　　　45
Tempus, ait : Deus, ecce Deus. » Cui talia fanti
Ante fores, subito non vultus, non color unus,
Non comptæ mansere comæ; sed pectus anhelum,
Et rabie fera corda tument, majorque videri,
Nec mortale sonans [3], afflata est numine quando　　　　50
Jam propiore Dei. « Cessas in vota precesque,
Tros, ait, Ænea? cessas? neque enim ante dehiscent
Attonitæ [4] magna ora domus. » Et, talia fata,

d'Apollon et de Diane, Déiphobé, fille de Glaucus. « Ce n'est pas le
temps, dit-elle au prince troyen, de promener tes regards sur ces
objets; hâte-toi plutôt d'immoler sept jeunes taureaux et sept jeunes
brebis choisies. » Elle dit. On s'empresse d'égorger les victimes or-
données. Alors la prêtresse appelle les Troyens au temple.

　　Dans le vaste flanc des roches eubéennes est creusé un antre pro-
fond. Cent larges avenues y conduisent à cent portes, d'où sortent
par cent bouches tonnantes tout autant de voix qui publient les
réponses de la Sibylle. Dès qu'ils ont touché le seuil : « Il est temps
d'interroger l'oracle, s'écrie la vierge inspirée, voici, voici le Dieu.»
Ainsi elle parlait, quand tout à coup, à l'entrée de l'auguste en-
ceinte, on la voit changer d'air et de visage; ses cheveux se hé-
rissent. Haletante, éperdue, elle respire à peine; son sein se gonfle,
obsédé d'une fureur divine; sa taille semble grandir, sa voix n'a
plus rien d'une mortelle : c'est le Dieu lui-même qui la pénètre et
l'inspire. « Tu tardes, Troyen, dit-elle, tu tardes! Hâte tes vœux et
tes prières, car jusque-là ne s'ouvriront point les portes du redou-
table sanctuaire. » A ces mots elle se tait. Les Troyens sont glacés

afforet,
atque una Deiphobe Glauci,
sacerdos Phœbi Triviæque,
quæ fatur talia regi :
Hoc tempus non poscit sibi
ista spectacula.
Nunc præstiterit
mactare de more
septem juvencos
de grege intacto,
totidem bidentes lectas.
Affata Æneam talibus
(nec viri morantur
jussa sacra),
sacerdos vocat Teucros
in templa alta.
   Latus rupis Euboicæ
excisum in antrum ingens,
quo centum lati aditus,
centum ostia ducunt,
unde ruunt totidem voces,
responsa Sybillæ.
Ventum erat ad limen,
quum virgo ait :
Tempus poscere fata :
Deus, ecce Deus.
Subito non vultus,
non color unus,
non comæ mansere comptæ
cui fanti talia
ante fores;
sed pectus anhelum,
et corda fera rabie
tument,
viderique major
nec sonans mortale,
quando afflata est
numine jam propiore
Dei.
Cessas in vota precesque,
ait, Tros Ænea?
cessas ?
Neque enim magna ora
domus attonitæ
non dehiscent ante.
Et, fata talia, conticuit.
Tremor gelidus cucurrit

ne fût arrivé,
et-à-la-fois Déiphobé, *fille* de Glaucus,
prêtresse de Phébus et de Diane,
qui dit de telles *paroles* au roi :
Ce temps ne demande pas pour lui
ces *vains* spectacles.
Maintenant il serait-préférable
d'immoler suivant la coutume
sept jeunes-taureaux
d'un troupeau intact *du joug*,
et autant de brebis-de-deux-ans choisies.
Ayant parlé à Énée en de tels *termes*
(et les guerriers ne retardent pas
les commandements sacrés),
la prêtresse appelle les Troyens
dans le temple élevé.
   Le flanc de la roche Eubéenne
est taillé en *forme* d'antre immense,
où cent larges entrées
et cent portes conduisent,
d'où s'échappent autant-de voix,
réponse de la Sibylle.
On était arrivé au seuil,
lorsque la vierge dit :
Il est temps de demander les destins :
le Dieu, voici le Dieu.
Aussitôt ni le *même* visage,
ni la couleur la même,
ni les cheveux ne restèrent arrangés
à elle disant de telles choses
devant les portes *de l'antre;*
mais *sa* poitrine *est* haletante,
et *son* cœur transporté par la rage
se gonfle,
et *elle commence à* paraître plus grande
et ne rendant-pas-un-son de-mortel,
quand elle a senti-le-souffle
de l'influence déjà plus proche
du Dieu.
Tu tardes pour les vœux et les prières,
dit-elle, ô Troyen Énée ?
tu tardes ?
Hâte-toi, car les grandes portes
de *ce* palais qui-inspire-l'effroi
ne s'ouvriront pas auparavant.
Et, ayant dit de telles choses, elle se tut.
Un frisson glacial courut

Conticuit : gelidus Teucris per dura cucurrit
Ossa tremor, funditque preces rex pectore ab imo :   55
  « Phœbe, graves Trojæ semper miserate labores,
Dardana qui Paridis direxti [1] tela manusque
Corpus in Æacidæ, magnas obeuntia terras
Tot maria intravi, duce te, penitusque repostas
Massylum gentes, prætentaque Syrtibus arva [2];   60
Jam tandem Italiæ fugientis prendimus oras :
Hac Trojana tenus fuerit fortuna [3] secuta.
Vos quoque Pergameæ jam fas est parcere genti,
Dique Deæque omnes quibus obstitit Ilium, et ingens
Gloria Dardaniæ. Tuque, o sanctissima vates   65
Præscia venturi, da (non indebita posco
Regna meis fatis) Latio considere Teucros,
Errantesque Deos agitataque Numina Trojæ !
Tum Phœbo et Triviæ solido de marmore templum
Instituam, festosque dies [4] de nomine Phœbi.   70
Te quoque magna manent regnis penetralia nostris :
Hic ego namque tuas sortes [5] arcanaque fata
Dicta meæ genti ponam, lectosque sacrabo,
Alma, viros. Foliis tantum ne carmina manda,

---

d'une frayeur religieuse; Énée, du fond de son cœur, adresse au
Dieu cette prière : -

  « Puissant Apollon, qui fus toujours sensible aux malheurs de
Troie; toi qui dirigeas la main et la flèche de Pâris lorsqu'il ter-
rassa le descendant d'Éaque, c'est sous tes auspices que j'ai par-
couru tant de mers et tant de rivages, que j'ai pénétré jusque chez
les Massyliens, jusque dans les contrées que bordent les Syrtes.
Nous tenons enfin les bords de l'Italie qui nous fuyait. Que la for-
tune de Troie cesse donc ici de nous poursuivre ! O dieux et
déesses, qui fûtes jaloux d'Ilion et de sa gloire, épargnez aussi,
après tant de vengeances, la triste nation de Dardanus. Et toi, sainte
prêtresse, qui lis dans l'avenir, si l'empire que je demande est dû
à mes destins, fais que la race de Teucer, que nos dieux errants,
que nos Pénates si longtemps le jouet des tempêtes, trouvent enfin
le repos dans le Latium. Alors j'élèverai un temple de marbre aux
deux divinités de ces lieux; j'établirai des fêtes qui porteront le nom
d'Apollon. Toi-même tu auras dans mes états un sanctuaire au-
guste. J'y déposerai tes oracles et toutes les secrètes destinées que
tu auras annoncées à ma postérité. Je te consacrerai des hommes
choisis pour en être les interprètes. Seulement, divine prêtresse, ne

per ossa dura Teucris,	par les os durs aux Troyens,
rexque fundit preces	et le roi verse (prononce) des prières
ab imo pectore.	du fond de *son* cœur.
Phœbe, semper miserate,	O Phébus, *qui* toujours pris-en-pitié
graves labores Trojæ,	les pénibles calamités de Troie,
qui direxti tela Dardana	qui dirigeas les traits Troyens
manusque Paridis	et la main de Pâris
in corpus	sur le corps
Æacidæ;	du descendant-d'Éacus (Achille);
te duce	toi *étant mon* guide,
intravi tot maria	j'ai pénétré dans tant-de mers
obeuntia magnas terras,	embrassant de grandes terres (contrées),
gentesque Massylum	et les nations des Massyliens
repostas penitus,	reculées au fond (au loin),
arvaque prætenta Syrtibus:	et les campagnes bordées par les Syrtes :
jam prendimus tandem oras	déjà nous occupons enfin les côtes
Italiæ fugientis.	de l'Italie qui fuit, *ce semble, devant nous.*
Fortuna Trojana	Que la fortune Troyenne
fuerit secuta hactenus.	*nous* ait suivis jusqu'ici-seulement.
Jam quoque est fas	Déjà aussi il est juste
vos parcere genti Pergameæ,	vous épargner la nation de Pergame,
omnes Dique Deæque,	*vous* tous, et Dieux et Déesses,
quibus Ilium	auxquels Ilion
et ingens gloria Dardaniæ	et la grande gloire de la Dardanie
obstitit,	fit-obstacle (furent odieux),
tuque, o sanctissima vates,	et toi, ô très sainte prêtresse,
præscia venturi	instruite-d'avance de l'avenir
(non posco regna	(je ne demande pas des royaumes
indebita meis fatis),	non-dus à mes destins),
da Teucros	donne (fais que) les Troyens
Deosque errantes	et les Dieux errants
numinaque agitata Trojæ,	et les divinités persécutées de Troie,
considere Latio.	*puissent* s'établir dans le Latium.
Tum instituam templum	Alors j'établirai (je bâtirai) un temple
de marmore solido	de marbre solide (tout en marbre)
Phœbo et Triviæ,	à Phébus et à Hécate,
diesque festos	et *j'instituerai* des jours de-fête
de nomine Phœbi.	du nom de Phébus.
Magna penetralia	De grands tabernacles
manent te quoque	attendent toi aussi
nostris regnis :	dans nos royaumes :
namque ego ponam hic	car moi je placerai (j'établirai) ici
tuas sortes, fataque arcana	tes oracles, et les destins secrets
dicta meæ genti,	révélés à ma nation,
sacraboque, alma,	et je *te* consacrerai, *prêtresse* bienfaisante,
viros lectos.	des hommes choisis, *ministres de tes autels.*
Tantum ne manda	Seulement ne confie pas

Ne turbata volent, rapidis ludibria ventis :　　　　　　75
Ipsa canas, oro. » Finem dedit ore loquendi.
　　At, Phœbi nondum patiens, immanis in antro
Bacchatur vates, magnum si pectore possit
Excussisse Deum : tanto magis ille fatigat
Os rabidum, fera corda domans, fingitque premendo.　　80
Ostia jamque domus patuere ingentia centum
Sponte sua, vatisque ferunt responsa per auras :
« O tandem magnis pelagi defuncte periclis !
Sed terra graviora manent. In regna Lavini [1]
Dardanidæ venient; mitte hanc de pectore curam;　　. 85
Sed non et venisse volent. Bella, horrida bella,
Et Thybrim multo spumantem sanguine cerno.
Non Simois tibi, nec Xanthus, nec Dorica castra
Defuerint; alius Latio jam partus Achilles [2],
Natus et ipse Dea; nec Teucris addita [3] Juno　　　90
Usquam aberit : quum tu, supplex in rebus egenis,
Quas gentes Italum, aut quas non oraveris urbes !

les confie point à des feuilles légères, de peur qu'elles ne deviennent le jouet des vents ; parle toi-même, je t'en conjure. » Telle fut la prière du prince troyen.

　　Cependant, luttant encore contre le Dieu qui l'obsède, la Sibylle s'agite avec fureur dans son antre pour le repousser de son cœur ; mais plus elle est rebelle, plus le Dieu redouble d'efforts ; il fatigue sa bouche écumante, dompte son âme farouche, et, vainqueur, il l'asservit enfin tout entière à ses inspirations. Alors les cent grandes portes du temple s'ouvrent d'elles-mêmes et laissent sortir ces paroles prophétiques de la prêtresse : « Enfin tu as échappé à d'affreux dangers sur les mers, mais des dangers plus redoutables t'attendent sur la terre. Les neveux de Dardanus arriveront, il est vrai, dans les royaumes des Latins, mais ils souhaiteront de n'y être jamais venus. Je vois des guerres, d'horribles guerres ; je vois le Tibre épouvanté rouler des flots de sang. Là tu trouveras un nouveau Simoïs, un nouveau Xanthe, un autre camp des Grecs. Le Latium a déjà son Achille, fils aussi d'une déesse. Toujours acharnée contre les Troyens, Junon les poursuivra partout. De quel peuple, de quelle ville, n'iras-tu point, suppliant, mendier les secours ! La

carmina foliis, / *tes* vers à des feuilles,
ne turbata / de peur que, mises-en-désordre,
volent, / elles ne volent,
ludibria ventis rapidis. / jouets des vents rapides.
Oro, ipsa canas. / Je *te* prie que toi-même tu *les* chantes
Dedit finem loquendi ore. / Il donna fin (finit) de parler par *sa* bouche
At, nondum patiens Phœbi, / Mais non-encore soumise à Phébus
vates immanis / la prêtresse terrible
bacchatur in antro, / s'agite-violemment dans l'antre,
si possit / *essayant* si elle peut (pourra)
excussisse pectore / secouer (repousser) de *sa* poitrine
Deum magnum: / le Dieu grand (puissant):
tanto magis ille fatigat / d'autant plus lui fatigue
os rabidum, / *sa* bouche écumante-de-rage,
domans corda fera, / domptant *son* cœur farouche,
fingitque premendo. / et il *la* façonne en *la* pressant.
Jamque / Et déjà
centum ingentia ostia / les cent grandes portes
domus / du temple
patuere sua sponte, / s'ouvrirent d'elles mêmes
feruntque per auras / et portent par les airs
responsa vatis. / les réponses de la Sibylle.
O defuncte tandem / O *toi qui es* quitte enfin
magnis periclis pelagi! / des grands périls de la mer!
Sed graviora / Mais (eh bien) de plus grands
manent terra. / *t'*attendent sur terre.
Dardanidæ venient / Les Troyens viendront
in regna Lavini; / dans le royaume de Lavinium;
mitte hanc curam / chasse ce souci
de pectore; / de *ton* cœur;
sed volent et non venisse. / mais ils voudront aussi n'y être pas venus.
Cerno bella, horrida bella, / Je vois des guerres, d'horribles guerres,
et Thybrim spumantem / et le Tibre écumant
multo sanguine. / de beaucoup-de-sang.
Non Simois, nec Xanthus, / Ni le Simoïs, ni le Xanthe,
nec castra Dorica / ni les camps Doriens (grecs)
defuerint tibi. / ne manqueront pas à toi.
Jam alius Achilles / Déjà un autre Achille
partus Latio, / *est* acquis au Latium,
natus et ipse Dea. / né aussi lui-même d'une déesse.
Et Juno addita Teucris / Et Junon acharnée contre les Troyens
non aberit / ne sera absente
usquam. / nulle part *d'auprès de vous.*
Quum tu, supplex / Lorsque (et alors) toi, suppliant
in rebus egenis, / dans *tes* affaires malheureuses,
quas gentes Italum, / quels peuples des Italiens,
aut quas urbes non oraveris! / ou quelles villes n'imploreras-tu pas!

Causa mali tanti conjux iterum hospita [1] Teucris,
Externique iterum thalami.
Tu ne cede malis; sed contra audentior ito,   95
Qua tua te fortuna sinet. Via prima salutis,
Quod minime reris, Graia pandetur ab urbe [2].
   Talibus ex adyto dictis Cumæa Sibylla
Horrendas canit ambages, antroque remugit,
Obscuris vera involvens : ea frena furenti   100
Concutit et stimulos sub pectore vertit Apollo.
Ut primum cessit furor, et rabida ora quierunt,
Incipit Æneas heros : « Non ulla laborum,
O virgo, nova mi facies inopinave surgit :
Omnia præcepi, atque animo mecum ante peregi.   105
Unum oro : quando hic inferni janua regis
Dicitur et tenebrosa palus Acheronte refuso,
Ire ad conspectum cari genitoris et ora
Contingat; doceas iter, et sacra ostia pandas.
Illum ego per flammas et mille sequentia tela   110
Eripui his humeris, medioque ex hoste recepi;

cause de tant de maux, c'est encore une reine étrangère, encore un
hymen étranger. Toi, ne cède point à l'orage; va toujours plus
hardi jusqu'où doit te porter ta fortune. Une ville grecque (l'eusses-
tu jamais espéré!) sera le premier refuge à ton malheur. »

C'est en ces termes que la Sibylle de Cumes, du fond de l'antre,
qu'elle fait retentir de ses mugissements, annonce des mystères
redoutables, et des vérités enveloppées d'épaisses ténèbres. C'est ainsi
qu'Apollon conduit ses fureurs et gouverne ses transports. Dès
qu'elle parut calmée, et que la rage eut fait place à la tranquillité :
« Sainte prêtresse, lui dit Énée, les travaux et les dangers que tu
m'annonces n'ont rien de nouveau pour moi; j'ai tout prévu; j'y
suis dès longtemps préparé. Je te demande une seule grâce : puisque
la porte des Enfers est, dit-on, dans ces lieux, ainsi que le ma-
rais ténébreux formé par le débordement de l'Achéron, qu'il me
soit permis de descendre dans ce noir séjour, pour y voir un père
que j'ai chéri : montre-moi le chemin, ouvre-moi ces portes sacrées.
Ce père, tendrement aimé, je l'enlevai sur mes épaules, à travers
les flammes et les traits ennemis; je l'arrachai des mains des Grecs.

Causa tanti mali	La cause d'un si-grand mal
Teucris	pour les Troyens
iterum conjux hospita,	sera une-seconde-fois une épouse étrangère,
iterumque thalami externi.	et une-seconde-fois un hymen étranger.
Tu ne cede malis,	Toi ne cède pas aux maux,
sed contra ito audentior	mais au-contraire va plus hardi
qua tua fortuna te sinet.	par où ta fortune te permettra *d'aller*.
Prima via salutis,	La première route de salut,
quod reris minime,	*ce* que tu ne penses nullement,
pandetur	*te* sera ouverte
ab urbe Graia.	de-la-part d'une ville grecque.
Talibus dictis	Par de telles paroles
Sibylla Cumæa	la Sibylle de-Cumes
ex adyto	*du fond* de *son* sanctuaire
canit ambages horrendas	chante des mystères redoutables
remugitque antro,	et mugit dans *son* antre,
involvens vera	enveloppant des choses vraies
obscuris.	de *termes* obscurs.
Apollo concutit	Apollon secoue (fait sentir)
ea frena furenti,	ces freins à la *prêtresse* furieuse,
et vertit stimulos	et tourne *ces* aiguillons
sub pectore.	sous (au fond de) *sa* poitrine.
Ut primum furor cessit,	Dès que d'abord *son* transport cessa,
et ora rabida quierunt,	et *que sa* bouche furieuse se reposa,
heros Æneas incipit :	le héros Énée commence *ainsi* :
virgo,	O vierge,
non ulla facies laborum	aucune espèce de travaux
surgit mi	ne s'élève (ne se présente) à moi
nova inopinave;	nouvelle ou imprévue;
præcepi atque peregi ante	j'ai prévu et j'ai passé-en-revue avant
omnia mecum	toutes choses avec moi-même
animo.	dans *mon* esprit.
Oro unum :	Je demande une chose *seulement* :
quando janua	puisque la porte
regis inferni	du roi des-enfers
dicitur hic,	est dite *être* ici,
et palus tenebrosa	et (ainsi que) le marais ténébreux
Acheronte refuso,	*formé* par l'Achéron débordé,
contingat ire	qu'il *me* soit-donné d'aller
ad conspectum et ora	en la présence et *en* face
genitoris cari.	d'un père chéri.
Doceas iter,	Enseigne-*moi* le chemin,
et pandas ostia sacra.	et ouvre-*moi* les portes sacrées.
Ego eripui illum	Moi j'ai enlevé lui
his humeris per flammas	sur ces épaules à travers les flammes
et mille tela sequentia,	et *à travers* mille traits *me* poursuivant,
recepique ex medio hoste;	et je *l*'ai retiré du milieu-de l'ennemi;

Ille, meum comitatus iter, maria omnia mecum,
Atque omnes pelagique minas cœlique ferebat
Invalidus, vires ultra sortemque senectæ.
Quin, ut te supplex peterem et tua limina adirem,   115
Idem orans mandata dabat. Natique patrisque,
Alma, precor, miserere! potes namque omnia; nec te
Nequidquam lucis Hecate præfecit Avernis.
Si potuit Manes arcessere conjugis Orpheus,
Threicia fretus cithara fidibusque canoris;   120
Si fratrem Pollux alterna morte redemit [1],
Itque reditque viam toties : quid Thesea magnum,
Quid memorem Alciden? et mi genus ab Jove summo [2]. »
    Talibus orabat dictis, arasque tenebat;
Quum sic orsa loqui vates : «Sate sanguine Divum,   125
Tros Anchisiade, facilis descensus Averno;
Noctes atque dies patet atri janua Ditis :
Sed revocare gradum, superasque evadere ad auras,
Hoc opus, hic labor est. Pauci, quos æquus amavit
Jupiter, aut ardens evexit ad æthera virtus,   130

Il m'a depuis accompagné dans mes voyages; il a traversé avec moi toutes les mers; malgré sa faiblesse, malgré le poids des années, il a soutenu courageusement toutes les rigueurs des saisons et toutes les horreurs des tempêtes. C'est lui qui me recommandait, qui me conjurait de me rendre en ces lieux, pour implorer ton secours. Vierge auguste, daigne t'intéresser et pour le fils et pour le père : tu peux tout; et ce n'est pas en vain qu'Hécate t'a confié la garde des bois sacrés de l'Averne. Si Orphée, à la faveur des sons mélodieux de sa lyre, a bien pu ramener vers la lumière l'ombre de son épouse; si Pollux a racheté son frère de la mort en mourant à son tour; si tant de fois il passe et repasse ces portes fatales : que dirai-je de Thésée? que dirai-je du grand Alcide ? je descends aussi du souverain des dieux. »

Ainsi parlait Énée, les mains sur l'autel. « Digne sang des immortels, Troyen, fils d'Anchise, lui répond la prêtresse; il est aisé de descendre aux Enfers; la porte de ce noir empire est ouverte jour et nuit; mais, de revenir sur ses pas, et de revoir la lumière des cieux, c'est une entreprise plus difficile. Quelques héros, quelques enfants des dieux, favorisés de Jupiter, ou qu'une vertu suprême a

ille, comitatus meum iter, — et lui, ayant accompagné mon chemin,
ferebat invalidus — supportait, *quoique* faible,
omnia maria mecum, — toutes les *fatigues des* mers avec moi
atque omnes minas — et toutes les menaces
pelagique cœlique, — et de la mer et du ciel,
ultra vires — au delà des forces
sortemque senectæ. — et du lot de la vieillesse, de la vieillesse.
Quin, idem orans, — En outre, le même *vieillard*, priant,
dabat mandata, . — *me* donnait *ses* instructions,
ut supplex peterem te — afin que suppliant je vinsse-trouver toi
et adirem tua limina. — et que j'allasse-vers ton seuil (à ta demeure).
Alma, miserere, — Bienfaisante *prêtresse*, aie pitié,
precor, — je *t'en* prie,
natique patrisque; — et du fils et du père;
namque potes omnia, — car tu peux toutes choses,
nec nequidquam Hecate — et *ce n'est* pas en vain *qu'*Hécate
præfecit te lucis Avernis. — a préposé toi aux bois de-l'Averne.
Si Orpheus potuit — Si Orphée a pu
arcessere manes conjugis, — évoquer les mânes de *son* épouse,
fretus cithara Threicia — soutenu par *sa* lyre de-Thrace
fidibusque canoris; — et par *ses* cordes sonores;
si Pollux redemit fratrem — si Pollux a racheté *son* frère
morte alterna, — par une mort alternative,
itque reditque — et va et vient *parcourant*
toties viam: — tant-de-fois *cette* route:
quid memorem — pourquoi rappellerais-je
magnum Thesea? — le grand Thésée?
quid Alciden? — pourquoi *rappellerais-je* Alcide?
genus et mi — L'origine *est* aussi à moi
ab Jove summo. — à-partir-de Jupiter très-haut.
 Orabat talibus dictis, — Il priait par de telles paroles,
tenebatque aras, — et tenait les autels *embrassés*,
quum vates — quand la Sibylle
orsa loqui sic: — commença à parler ainsi:
Sate sanguine Divum, — *Toi qui es* issu du sang des Dieux,
Tros Anchisiade, — Troyen fils-d'Anchise,
descensus Averno — la descente à l'Averne
est facilis; — est facile;
janua atri Ditis, — la porte du noir Pluton
patet noctes atque dies; — est ouverte nuit et jour;
sed revocare gradum, — mais rappeler (ramener) *ses* pas *des enfers*
evadereque — et s'échapper
ad auras superas, — vers les airs d'en-haut,
hoc est opus, hic labor. — c'est là l'ouvrage, c'est là la difficulté.
Pauci, geniti Dis, — Un-petit-nombre *de héros* issus des Dieux,
quos Jupiter æquus amavit, — que Jupiter favorable aima,
aut virtus ardens — ou qu'un courage ardent

Dis geniti, potuere. Tenent media omnia silvæ,
Cocytusque sinu labens circumvenit atro.
Quod si tantus amor menti, si tanta cupido est
Bis Stygios innare lacus, bis nigra videre
Tartara[1], et insano juvat indulgere labori,   135
Accipe quæ peragenda prius. Latet arbore opaca
Aureus et foliis et lento vimine ramus,
Junoni infernæ dictus[2] sacer : hunc tegit omnis
Lucus, et obscuris claudunt convallibus umbræ.
Sed non ante datur telluris operta subire   140
Auricomos quam quis decerpserit arbore fetus.
Hoc sibi pulchra suum ferri Proserpina munus
Instituit. Primo avulso, non deficit alter
Aureus, et simili frondescit virga metallo.
Ergo alte vestiga oculis, et rite repertum   145
Carpe manu : namque ipse volens facilisque sequetur,
Si te fata vocant; aliter, non viribus ullis
Vincere nec duro poteris convellere ferro.
Præterea jacet exanimum tibi corpus amici,

placés dans l'Olympe, ont remporté cette victoire. Il faut traverser
d'épaisses forêts, et franchir les noirs circuits du Cocyte. Cependant,
si tu le désires avec tant d'ardeur, si tu as une si grande envie de
passer deux fois le marais du Styx, de voir deux fois le noir Tar-
tare, si tu trouves enfin quelque plaisir dans cette périlleuse entre-
prise, apprends ce qu'il faut faire auparavant. Dans l'épaisseur
d'un arbre touffu est un rameau consacré à la reine des Enfers,
et dont la tige et les feuilles sont d'or : toute la forêt le dérobe aux
yeux; il est comme enfermé dans le fond d'une vallée ténébreuse.
Or, il n'est donné de pénétrer dans l'empire souterrain qu'à celui
qui a su enlever de l'arbre cette branche précieuse. C'est ce présent
qu'il faut offrir à la belle Proserpine ; elle-même en a fait une loi.
Le rameau cueilli est bientôt remplacé par un autre, qui se couvre,
comme le premier, d'un feuillage d'or. Va donc, cherche-le des
yeux à travers la forêt; et, si tu le trouves, cueille-le avec la main ;
car il se laissera détacher sans résistance, si les destins t'appellent
aux Enfers : autrement, ni tous tes efforts, ni le fer même ne pour
raient le séparer de l'arbre. Ce n'est pas tout : tu ignores, hélas !

evexit ad ætnera,
élova aux cieux,

potuere.
ont pu *le faire.*

Silvæ tenent omnia media,
Des forêts occupent tout le milieu,

Cocytusque labens
et le Cocyte coulant

circumvenit sinu atro.
entoure *les enfers* de *ses* replis noirs.

Quod si tantus amor,
Que si un si-grand amour,

si tanta cupido est menti
si un si grand désir est à *ton* cœur

innare bis lacus Stygios,
de traverser deux-fois les lacs stygiens

videre bis nigra Tartara,
de voir deux-fois le noir Tartare,

et juvat
et s'il *te* plaît

indulgere labori insano,
de te livrer à une entreprise insensée,

accipe
écoute

quæ peragenda prius.
les choses qui-doivent-être-faites aupara-

Ramus aureus
Un rameau d'-or   [vant.

et foliis et vimine lento,
et par *ses* feuilles et par *sa* tige flexible,

dictus sacer
assigné *comme* consacré

Junoni infernæ,
à la Junon infernale,

latet arbore opaca.
est caché sous un arbre touffu.

Omnis lucus tegit hunc,
Tout le bois couvre celui-ci,

et umbræ claudunt
et les ombres *l'*enferment

convallibus obscuris.
au-fond-de-vallées obscures.

Sed non datur
Mais il n'est pas donné

subire operta
de pénétrer-dans les *lieux* secrets

telluris,
de la terre,

antequam quis decerpserit
avant que quelqu'un (on) ait détaché

arbore
de l'arbre

fetus auricomos.
ce rejeton à-la-chevelure-d'or.

Pulchra Proserpina
La belle Proserpine

instituit hoc munus suum
a ordonné que ce don *de l'arbre qui est* sien

ferri sibi.
fût porté à elle.

Primo avulso,
Le premier *rameau* arraché,

alter aureus
un autre *également* d'or

non deficit,
ne manque pas *de surgir,*

et virga frondescit
et la branche se-garnit-de-feuilles

simili metallo.
d'un semblable métal.

Vestiga ergo oculis alte,
Cherche donc des yeux en-haut,

et carpe rite
et cueille suivant-les-rites-religieux

manu repertum.
avec la main *ce rameau* découvert.

Namque ipse volens
Car lui-même voulant (cédant)

facilisque sequetur,
et facile suivra *la main,*

si fata vocant te,
si les destins appellent toi,

aliter non poteris
autrement tu ne pourras

vincere viribus ullis,
t'*en*-rendre-maître avec aucunes forces,

nec convellere ferro duro.
ni *l'*arracher *même* avec le fer dur.

Præterea corpus amici
De plus, le corps d'un ami

jacet tibi exanimum,
est étendu à toi sans-vie,

heu nescis!
hélas! tu *l'*ignores,

Heu! nescis, totamque incestat funere classem,   150
Dum consulta petis nostroque in limine pendes.
Sedibus hunc refer ante suis et conde sepulcro.
Duc nigras pecudes : ea prima piacula sunto.
Sic demum lucos Stygis, et regna invia vivis
Adspicies. » Dixit, pressoque obmutuit ore.   155
     Æneas mœsto defixus lumina vultu
Ingreditur, linquens antrum, cæcosque volutat
Eventus animo secum : cui fidus Achates
It comes, et paribus curis vestigia figit.
Multa inter sese vario sermone serebant :   160
Quem socium exanimem vates, quod corpus humandum
Diceret. Atque illi Misenum in littore sicco,
Ut venere, vident, indigna morte peremptum ;
Misenum Æoliden, quo non præstantior alter   —
Ære ciere viros Martemque accendere cantu.   165
Hectoris hic magni fuerat comes ; Hectora circum

qu'un de tes fidèles compagnons est étendu sans vie sur le rivage,
et souille toute ta flotte par la présence de son cadavre, pendant
que tu es dans ce temple à écouter nos oracles. Avant tout, rends
ses cendres à la terre ; enferme-les dans un tombeau, immoles-y
des brebis noires : telles seront tes premières expiations. Alors tu
pourras voir les bois redoutables du Styx, et cet empire inacces-
sible aux vivants. » A ces mots, la Sibylle cessa de parler.

Énée sort de l'antre, l'air triste, les yeux baissés, et s'éloigne
en réfléchissant sur l'incertitude des événements. Le fidèle Achate
l'accompagne, l'âme agitée des mêmes pensées. Mille sujets divers
forment leur entretien. Ils se demandent quel est celui de leurs
compagnons dont la Sibylle leur annonce la mort et dont elle leur
recommande la sépulture. Ils arrivent, et ils trouvent, tristement
étendu sur le sable du rivage, Misène qu'une mort cruelle vient de
leur ravir ; Misène, fils d'Éole, qui n'avait point d'égal dans l'art
d'enflammer les courages aux accents de l'airain, et d'exciter les
fureurs de Mars par des chants belliqueux. Jadis, compagnon du
grand Hector, il le suivait dans les combats ; à côté de ce héros

incestatque funere
totam classem,
dum petis consulta,
pendesque
in nostro limine.
Refer ante hunc
suis sedibus,
et conde sepulcro.
Duc pecudes nigras :
ea sunto prima piacula.
Sic demum adspicies
lucos Stygios,
et regna
invia vivis.
Dixit,
obmutuitque ore presso.
 Æneas, vultu mœsto,
defixus lumina
ingreditur,
linquens antrum ,
volutatque secum animo
eventus cæcos :
fidus Achates it comes cui,
et figit vestigia
curis paribus.
Serebant inter sese
multa
sermone vario :
quem socium exanimem ,
quod corpus humandum
diceret vates.
Atque , ut venere,
vident in littore sicco
Misenum peremptum
morte indigna ;
Misenum Æoliden,
quo non alter
præstantior
ciere viros
ære,
accendereque Martem
cantu.
Hic fuerat comes
magni Hectoris.
Obibat
pugnas
circum Hectora,

et souille par *sa* mort (son cadavre)
toute *ta* flotte,
tandis que tu demandes des conseils,
et que tu es suspendu (attendant)
sur notre seuil.
Rapporte auparavant ce *compagnon*
dans ses *dernières* demeures
et enferme-*le* dans le sépulcre.
Conduis *aux autels* des brebis noires :
qu'elles soient les premières expiations.
Ainsi enfin tu verras
les bois Stygiens
et les royaumes
impénétrables aux vivants.
Elle dit,
et se tut *sa* bouche *étant* fermée.
 Énée, d'un visage triste,
baissé quant aux yeux (les yeux baissés),
s'avance
quittant l'antre ,
et roule en lui-même dans *son* esprit
ces événements enveloppés-de-ténèbres :
le fidèle Achate va compagnon à lui,
et imprime *ses* pas (marche) *à ses côtés*
avec des soucis pareils.
Ils entremêlaient (échangeaient) entre eux
beaucoup de *réflexions*
dans une conversation variée :
se demandant quel compagnon sans-vie ,
quel corps à inhumer
disait (désignait) la Sibylle.
Et *voici que* dès qu'ils furent arrivés,
ils voient sur le rivage sec
Misène enlevé (mort)
par une mort non-digne ;
Misène fils-d'Éole,
au-dessus-de-qui pas un autre
n'*était* supérieur
pour exciter les hommes (les guerriers)
avec l'airain (la trompette),
et pour allumer le combat
par le chant.
Celui-ci avait été compagnon
du grand Hector.
Il parcourait
les combats (les champs de bataille)
autour d'Hector,

Et lituo pugnas insignis obibat et hasta :
Postquam illum victor vita spoliavit Achilles,
Dardanio Æneæ sese fortissimus heros
Addiderat socium, non inferiora secutus.   170
Sed tum forte cava dum personat æquora concha,
Demens! et cantu vocat in certamina Divos,
Æmulus exceptum Triton, si credere dignum est,
Inter saxa virum spumosa immerserat unda.
Ergo omnes magno circum clamore fremebant,   175
Præcipue pius Æneas. Tum jussa Sibyllæ,
Haud mora, festinant flentes, aramque sepulcri [1]
Congerere arboribus cœloque educere certant.
Itur in antiquam silvam, stabula alta ferarum :
Procumbunt piceæ; sonat icta securibus ilex,   180
Fraxineæque trabes ; cuneis et fissile robur
Scinditur; advolvunt ingentes montibus ornos.
Necnon Æneas opera inter talia primus
Hortatur socios, paribusque accingitur armis :
Atque hæc ipse suo tristi cum corde volutat,   185
Adspectans silvam immensam, et sic voce precatur :

il se jetait dans la mêlée, également habile à se servir du clairon
et de la lance, et lorsque Achille, vainqueur, eut tranché les jours
de ce héros, Misène s'était dévoué à la fortune d'Énée, et avait cru
ne pas déchoir sous un chef si renommé. Mais un jour qu'il faisait
retentir la plaine liquide du son de ses bruyantes fanfares, il osa,
l'insensé! défier au combat du chant les dieux de la mer. Triton,
jaloux (s'il est permis de le croire), saisit le téméraire et l'abîma
parmi les rocs sous les flots écumants. Tous les Troyens, rassemblés
en foule autour de ce corps inanimé, remplissaient l'air de leurs
tristes gémissements; mais Énée plus que tous les autres se montre
sensible à cette perte. Cependant on se hâte, sans faire trêve aux
pleurs, d'exécuter les ordres de la Sibylle, et de dresser pour les
funérailles un bûcher qui s'élève jusqu'au ciel. On va dans une
antique forêt, profonde retraite des bêtes farouches. Les pins tom-
bent avec fracas; le frêne et l'yeuse retentissent sous les coups
redoublés de la hache; le chêne éclate et crie sous le coin déchi-
rant, et du haut des montagnes roulent les ormes gigantesques.
Énée lui-même prend part au travail, excite ses compagnons par
son exemple, et s'arme comme eux de la cognée Au milieu de ces
soins, il médite en silence, et, mesurant des yeux l'immensité de
la forêt, il s'écrie : « Oh! si sous ces vastes ombrages s'offrait main-

insignis lituo et hasta :	remarquable par le clairon et par la lance:
postquam Achilles victor	après qu'Achille vainqueur
spoliavit illum vita,	eut dépouillé lui (Hector) de la vie,
heros fortissimus	le héros très-courageux
sese addiderat socium	s'était joint *comme* compagnon
Dardanio Æneæ,	au Troyen Enée,
non secutus inferiora.	n'ayant pas suivi des *destins* inférieurs.
Sed tum forte dum, demens!	Mais alors par hasard tandis que, insensé!
personat æquora	il fait-retentir les mers
concha cava,	avec *sa* trompe creuse,
et vocat cantu	et *qu'il* appelle (provoque) par *son* chant
Divos in certamina,	les Dieux aux combats,
Triton æmulus	Triton *son* rival
(si dignum est credere)	(s'il est digne (permis) de *le* croire)
immerserat unda spumosa	avait plongé sous l'onde écumante
inter saxa virum exceptum.	entre des rochers *cet* homme surpris.
Ergo omnes	Donc tous
fremebant circum	frémissaient (s'agitaient) autour *du mort*
magno clamore,	avec une grande clameur (gémissements),
præcipue pius Æneas.	surtout le pieux Enée.
Tum, haud mora,	Alors, *et* point de retard,
flentes festinant	pleurant ils se hâtent *d'exécuter*
jussa Sibyllæ,	les prescriptions de la Sibylle,
certantque	et s'empressent-à-l'envi
congerere aram sepulcri	d'amonceler l'autel du sépulcre (le bûcher)
arboribus	avec des arbres
educereque cœlo.	et de *l'*élever *jusqu'*au ciel.
Itur in silvam antiquam,	On va dans une forêt antique,
stabula alta ferarum :	retraites profondes des bêtes-sauvages ;
piceæ procumbunt;	les pins tombent;
ilex icta securibus sonat,	l'yeuse frappée par les haches résonne,
trabesque fraxineæ,	et les troncs de-frêne,
et robur fissile	et le rouvre propre-à-être-fendu
scinditur cuneis ;	est divisé avec les coins:
advolvunt montibus	ils roulent *du haut* des montagnes
ingentes ornos.	les grands ormes.
Nec non Æneas	Enée aussi
primus inter talia opera,	le premier au-milieu de tels travaux,
hortatur socios	exhorte *ses* compagnons
accingiturque	et se ceint (se munit)
armis paribus :	d'armes pareilles *aux leurs* :
atque ipse volutat hæc	et lui-même roule ces *pensées*
cum suo corde tristi,	avec (dans) son cœur triste,
adspectans	regardant
silvam immensam,	la forêt immense,
et precatur sic voce :	et prie ainsi de *sa* bouche :
Si nunc	Si maintenant (plût aux Dieux que)

« Si nunc se nobis ille aureus arbore ramus
Ostendat nemore in tanto! quando omnia vere
Heu! nimium de te vates, Misène, locuta est. »
　　Vix ea fatus erat, geminæ quum forte columbæ　　190
Ipsa sub ora viri cœlo venere volantes,
Et viridi sedere solo. Tum maximus heros
Maternas agnoscit aves [1], lætusque precatur :
« Este duces, o, si qua via est, cursumque per auras
Dirigite in lucos ubi pinguem dives opacat　　195
Ramus humum! Tuque, o, dubiis ne defice rebus,
Diva parens. » Sic effatus, vestigia pressit [2],
Observans quæ signa ferant, quo tendere pergant.
Pascentes illæ tantum prodire volando
Quantum acie possent oculi servare sequentum.　　200
Inde, ubi venere ad fauces graveolentis Averni,
Tollunt se celeres, liquidumque per aera lapsæ,
Sedibus optatis geminæ super arbore sidunt,
Discolor unde auri per ramos aura refulsit.

tenant à ma vue le mystérieux rameau! puisque tout ce qu'a dit la
prêtresse se trouve vrai, hélas! trop vrai pour toi, malheureux
Misène! »
　　A peine avait-il parlé que deux colombes, traversant les airs,
passent sous ses yeux et vont s'abattre sur le gazon. Le héros reconnaît les oiseaux de sa mère : « Soyez mes guides, dit-il, montrez-moi la route, s'il en est une, et dirigez votre vol vers l'endroit de
la forêt où la terre féconde est ombragée d'un si riche feuillage. Et
toi, déesse ma mère, ne m'abandonne pas dans l'incertitude où je
suis. » En disant ces mots, il s'arrête, observe ces oiseaux, ce qu'ils
font, le chemin qu'ils prennent. Il les voit s'éloigner, en voltigeant
et en becquetant le gazon, aussi loin que l'œil peut les suivre.
Mais, dès qu'ils sont arrivés aux gorges de l'Averne, d'où s'exhale
une odeur affreuse, ils s'élèvent d'un vol rapide, et, fendant légèrement les airs, ils vont se percher sur un arbre dans ce lieu si
désiré, d'où l'éclat de l'or se fait distinguer sans peine à travers la

ille ramus aureus	ce rameau d'-or
se ostendat nobis	se montrait (se montrât) à nous
in tanto nemore,	dans une si grande forêt,
quando vates locuta est	puisque la Sibylle a dit
heu! nimium vere	hélas! trop véritablement
omnia de te, Misene!	tout sur toi (sur ton sort), Misène! ɪ
Vix fatus erat ea, quum	A peine il avait dit ces *mots*, lorsque
forte geminæ columbæ	par hasard deux colombes
venere cœlo	vinrent du ciel
volantes sub ora ipsa viri,	volant sous le visage (les yeux) même du héros,
et sedere solo viridi.	et se posèrent sur le sol vert.
Tum maximus heros	Alors le très grand héros
agnoscit aves maternas,	reconnaît les oiseaux maternels,
lætusque precatur :	et joyeux il prie *en ces termes :*
Este duces, o,	« Soyez *mes* guides, ô *vous*,
si qua via est,	si quelque route est,
dirigiteque cursum	et dirigez *votre* trajet,
per auras	par les airs
in lucos ubi dives ramus	dans la forêt où le riche rameau
opacat humum pinguem !	couvre la terre grasse (féconde).
Tuque, o diva parens,	Et toi, ô déesse *ma* mère,
ne defice	ne *me* délaisse pas
rebus dubiis.	dans *ces* circonstances critiques. »
Effatus sic, pressit vestigia, observans	Ayant parlé ainsi, il arrêta *ses* pas, observant
quæ signa ferant,	quels signes elles donnent,
quo pergant tendere.	où elles continuent de *se* diriger.
Illæ pascentes	Celles-ci, qui-paissaient,
prodire volando	*commencent à* s'avancer en volant
tantum quantum	autant que
oculi sequentum	les yeux de ceux-qui-les-suivent
possent servare	pouvaient *les* observer
acie.	d'un regard-perçant.
Inde ubi venere ad fauces	De-là dès qu'elles vinrent aux gouffres
Averni graveolentis,	de l'Averne qui-a-une-odeur-forte,
tollunt se celeres,	elles s'élèvent rapides,
lapsæque	et glissant
per aera liquidum,	à travers l'air pur,
geminæ sidunt	toutes-deux se posent
sedibus optatis	aux demeures désirées
super arbore,	sur l'arbre,
unde aura auri	d'où l'éclat de l'or
discolor	de-couleur-différente *du feuillage*
refulsit per ramos.	brilla à travers les rameaux.
Quale viscum,	Tel que le gui,

Quale solet silvis brumali frigore viscum   205
Fronde virere nova, quod non sua seminat arbos,
Et croceo fetu teretes circumdare truncos :
Talis erat species auri frondentis opaca
Ilice; sic leni crepitabat bractea vento.
Corripit extemplo Æneas, avidusque refringit   210
Cunctantem, et vatis portat sub tecta Sibyllæ.
    Nec minus interea Misenum in littore Teucri
Flebant, et cineri ingrato suprema ferebant.
Principio pinguem tædis et robore secto
Ingentem struxere pyram; cui frondibus atris   215
Intexunt latera, et ferales ante cupressos
Constituunt, decorantque super fulgentibus armis.
Pars calidos latices et ahena undantia flammis
Expediunt, corpusque lavant frigentis et ungunt.
Fit gemitus : tum membra toro defleta reponunt,   220
Purpureasque super vestes, velamina nota,

verdure. Ainsi, durant l'hiver, on voit le gui dans les forêts dé-
ployer ses feuilles nouvelles et ses fruits dorés, sur le tronc étranger
qui le nourrit : tel paraissait le rameau d'or sur un chêne touffu ;
ainsi frémissaient ses feuilles légères, agitées par le zéphyr. Énée le
saisit aussitôt, l'arrache et le porte à la demeure de la Sibylle.
    Cependant les Troyens pleuraient Misène sur le rivage, et ren-
daient les derniers devoirs à sa dépouille insensible. D'abord ils
élèvent une pyramide immense de pièces de chêne et de bois rési-
neux. Les côtés sont revêtus de feuillages lugubres; on plante au-
devant des cyprès funèbres. On pare le sommet du bûcher d'armes
brillantes. Les uns font bouillir l'eau sur le feu, dans de grands
vases d'airain; ils y lavent le corps glacé, et l'embaument. Alors
se font entendre les cris lugubres. Après avoir arrosé de larmes ces
déplorables restes, ils les placent sur le lit funèbre ; ils étendent dessus
des habits de pourpre, dépouilles, hélas! trop connues. D'autres,

quod sua arbos	que son arbre
non seminat,	ne produit pas,
solet frigore brumali	a coutume par le froid de-l'hiver
virere fronde nova	de verdir d'un feuillage nouveau
silvis,	dans les forêts,
et circumdare	et d'entourer
truncos teretes	les troncs ronds *des arbres*
fetu croceo;	d'un fruit jaune;
talis erat species	telle était l'apparence
auri frondentis	de l'or poussant-des-feuilles
ilice opaca;	sur le chêne touffu;
sic bractea crepitabat	ainsi *sa* feuille bruissait
vento leni.	par un vent doux.
Æneas corripit extemplo,	Enée *le* saisit aussitôt,
avidusque	et avide *de le posséder*
refringit cunctantem,	il détache-en-brisant *le rameau* qui résiste.
et portat sub tecta	et il *le* porte sous les toits
Sibyllæ vatis.	de la Sibylle prophétesse.
Et interea Teucri	Et pendant-ce-temps-là les Troyens
non flebant minus	ne pleuraient pas moins
in littore Misenum	sur le rivage Misène,
et ferebant	et portaient (rendaient)
suprema	les derniers *devoirs*
cineri ingrato.	à *sa* cendre insensible
Principio struxere	D'abord ils dressèrent
ingentem pyram	un grand bûcher
pinguem tædis	gras par les bois-résineux
et robore secto;	et par le chêne coupé;
cui intexunt latera	auquel (duquel) ils garnissent les flancs
frondibus atris,	de feuillage noirs,
et constituunt ante	et ils placent (plantent) devant
cupressos ferales,	des cyprès funèbres,
decorantque super	et ils *le* décorent par-dessus
armis fulgentibus.	d'armes brillantes.
Pars	Une partie *des Troyens*
expediunt latices calidos	apprêtent les eaux chaudes
et ahena	et les *vases-*d'airain
undantia flammis,	bouillonnant par les flammes,
lavantque et ungunt	et lavent et parfument
corpus frigentis.	le corps de *Misène déjà* froid.
Gemitus fit,	Un gémissement se fait (on gémit),
tum reponunt toro	alors ils déposent sur le lit
membra defleta,	*ses* membres pleurés,
conjiciuntque super	et ils jettent par-dessus
vestes purpureas,	les habits de-pourpre,
velamina nota;	voiles (vêtements) connus (à son usage)
pars	une *autre* partie

Conjiciunt; pars ingenti subiere feretro,
Triste ministerium! et subjectam more parentum
Aversi tenuere facem : congesta cremantur
Thurea dona, dapes, fuso crateres olivo.   225
Postquam collapsi cineres, et flamma quievit,
Relliquias vino et bibulam lavere favillam,
Ossaque lecta cado texit Corynæus aheno.
Idem ter socios pura circumtulit unda [1],
Spargens rore levi et ramo felicis olivæ [2],   230
Lustravitque viros, dixitque novissima verba.
At pius Æneas ingenti mole sepulcrum
Imponit, suaque arma viro, remumque tubamque,
Monte sub aerio, qui nunc Misenus [3] ab illo
Dicitur, æternumque tenet per sæcula nomen.   235
     His actis, propere exsequitur præcepta Sibyllæ.
Spelunca alta fuit vastoque immanis hiatu,
Scrupea, tuta lacu nigro nemorumque tenebris,
Quam super haud ullæ poterant impune volantes
Tendere iter pennis : talis sese halitus atris   240

chargés d'un triste ministère, s'avancent au pied du bûcher, tenant la torche allumée, selon l'usage, et détournant les yeux. Le feu dévore avec le bois l'encens et les viandes que l'on y jette, et l'huile d'olive qu'on y verse à grands flots. Lorsque cet amas est réduit en cendres, et la flamme entièrement éteinte, on en retire les os encore brûlants, on lave dans le vin ces restes desséchés, et Corynée les enferme dans une urne d'airain; ensuite, prenant un rameau d'olivier, et faisant le tour de l'assemblée, il jette sur ses compagnons une légère rosée d'eau pure. Après cette expiation, il prononce les dernières paroles. Alors Énée fait élever à son ami un superbe monument, avec ses armes, sa rame et sa trompette, au pied d'une haute montagne, qui porte encore aujourd'hui et conservera sans doute à jamais le nom de Misène.

     Aussitôt il se hâte d'exécuter les ordres de la Sibylle. Il est une caverne profonde, vaste et béant abîme, creusé sous d'énormes roches et défendu par les noires eaux d'un lac et par des bois ténébreux. Du sein de ce gouffre s'exhalent d'horribles vapeurs qui portent l'infection jusqu'au plus haut des airs : nul oiseau ne peut

subiere ingenti feretro,	se-mirent-sous le grand cercueil,
triste ministerium !	triste ministère !
et more parentum,	et à la manière de *leurs* pères,
aversi	détournés (en détournant les yeux)
tenuere facem subjectam :	tinrent un flambeau mis-dessous :
dona thurea congesta,	les dons d'-encens accumulés,
dapes ,	les viandes (entrailles des victimes),
crateres olivo fuso	les coupes d'olive répandue (qu'on répand)
cremantur.	sont brûlés.
Postquam cineres collapsi ,	Après que les cendres furent affaissées,
et flamma quievit ,	et que la flamme se reposa (s'éteignit),
lavere vino relliquias	ils lavèrent avec du vin les restes
et favillam bibulam,	et la cendre qui s'imbibe,
Corynæusque texit	et Corynée couvrit
cado aheno ossa lecta.	d'une urne d'-airain les os *recueillis*.
Ter idem	Trois fois le même *Corinée*
circumtulit socios	porta-autour-de (arrosa) *ses* compagnons
unda pura,	de l'eau pure,
spargens rore levi	*les* aspergeant d'une rosée légère
et ramo felicis olivæ,	et avec le rameau du fertile olivier,
lustravitque viros,	et purifia les hommes (les assistants)
dixitque novissima verba.	et dit les dernières paroles (les adieux).
At pius Æneas	Mais le pieux Enée
imponit sepulcrum	pose-dessus un tombeau
ingenti mole,	d'une grande masse,
suaque arma viro,	et ses armes à l'homme *mort*,
remumque, tubamque,	et *sa* rame et *sa* trompette,
sub monte aerio,	sous (au pied d') un mont aérien (élevé),
qui nunc dicitur	qui maintenant est dit (nommé)
Misenus ab illo ,	Misène de lui (à cause de lui),
tenetque per sæcula	et *retient* durant les (pour des) siècles
nomen æternum.	*ce* nom éternel.
His actis,	Ces choses faites,
exsequitur propere	il exécute promptement
præcepta Sibyllæ.	les ordres de la Sibylle.
Fuit spelunca alta	Il fut (il y avait) une caverne profonde
scrupea	pierreuse (creusée dans le roc)
immanisque vasto hiatu,	et immense par une vaste ouverture,
tuta lacu nigro	sûre (défendue) par un lac noir
tenebrisque nemorum,	et par les ténèbres (les ombres) des bois,
super quam	au-dessus de laquelle
haud ullæ volantes	nuls oiseaux
poterant impune	*ne* pouvaient impunément
tendere iter pennis :	diriger leur route (leur vol) avec les ailes :
talis halitus	tel (tellement) le souffle (la vapeur)
sese ferebat effundens	se portait s'exhalant
faucibus atris	des gorges noires *de l'abîme*

Faucibus effundens supera ad convexa ferebat!
Unde locum Graii dixerunt nomine Aornon [1].
Quattuor hic primum nigrantes terga juvencos
Constituit, frontique invergit vina sacerdos;
Et summas carpens media inter cornua sætas   245
Ignibus imponit sacris, libamina prima,
Voce vocans Hecaten, cœloque Ereboque potentem.
Supponunt alii cultros, tepidumque cruorem
Suscipiunt pateris. Ipse atri velleris agnam
Æneas matri Eumenidum magnæque sorori [2]   250
Ense ferit, sterilemque tibi, Proserpina, vaccam.
Tum Stygio regi nocturnas inchoat aras [3],
Et solida imponit taurorum viscera flammis,
Pingue oleum super infundens ardentibus extis.
Ecce autem, primi sub lumina solis et ortus,   255
Sub pedibus mugire solum, et juga cœpta moveri
Silvarum, visæque canes ululare per umbram,
Adventante Dea. « Procul, o, procul este, profani!
Conclamat vates, totoque absistite luco.
Tuque invade viam, vaginaque eripe ferrum :   260

voler impunément au-dessus, ce qui lui a fait donner par les Grecs
le nom d'Aorne (Averne). C'est là que le prince troyen conduisit
d'abord quatre taureaux noirs. La prêtresse verse du vin sur la tête
des victimes, et, leur coupant le poil entre les cornes, elle le jette
dans le feu sacré, pour première libation, invoquant à haute voix
Hécate, également puissante au ciel et dans l'Érèbe. On plonge
ensuite le couteau dans la gorge des victimes; on en reçoit le sang
dans des coupes. Énée lui-même, tirant son épée, immole à la mère
des Euménides, et à la Terre, sa sœur, une jeune brebis noire; et à
toi, Proserpine, une vache stérile. On élève en même temps des
autels pour le sacrifice nocturne, en l'honneur du roi des Enfers; on
y brûle les entrailles entières des taureaux, et l'on verse de l'huile
en abondance sur ces chairs enflammées. Cependant le jour com-
mençait à luire : tout d'un coup on voit les forêts s'agiter, on entend
la terre mugir sous les pieds, et d'horribles hurlements annoncent
l'arrivée de la déesse. « Loin d'ici, profanes, s'écrie la Sibylle;
sortez tous de cette forêt sacrée; et toi, Énée, marche le fer à la

ad convexa supera!	vers les voûtes supérieures (du ciel)!
unde Graii dixerunt	d'où les Grecs ont dit (appelé)
locum Aornon nomine.	*ce* lieu Aornon (Averne) de nom.
Hic primum constituit	Ici d'abord il (Énée) place
quattuor juvencos	quatre jeunes-taureaux
nigrantes terga,	noirs au dos (à la robe noire),
sacerdosque	et la prêtresse
invergit vina fronti ;	répand du vin sur *leur* front,
et carpens	et coupant
inter media cornua	entre le milieu des cornes
sætas summas	les soies les-plus-hautes (le bout des poils)
imponit ignibus sacris,	elle *les* place sur les feux sacrés,
prima libamina,	*comme* premières libations,
vocans voce Hecaten	invoquant de *sa* voix Hécate
potentem	puissante
cœloque Ereboque.	et dans le ciel et dans l'Érèbe.
Alii supponunt	Les uns placent-dessous *la gorge*
cultros,	les couteaux
suscipiuntque pateris	et reçoivent dans des coupes
cruorem tepidum.	le sang tiède *des victimes*.
Æneas ipse ferit ense	Énée lui-même frappe (immole) avec l'épée
matri Eumenidum	à la mère des Euménides (la Nuit)
magnæque sorori	et à *sa* grande sœur (la Terre)
agnam velleris atri,	une brebis d'une toison noire,
tibique, Proserpina,	et à toi, Proserpine, *il immole*
vaccam sterilem.	une vache stérile.
Tum inchoat	Alors il commence (élève)
aras nocturnas	des autels nocturnes (pendant la nuit)
regi Stygio,	au roi du-Styx (à Pluton),
et imponit flammis	et il place sur les flammes
viscera solida taurorum,	les entrailles entières des taureaux,
infundens oleum pingue	versant l'huile grasse
super extis ardentibus.	sur *ces* entrailles ardentes.
Ecce autem sub lumina	Mais voici que vers la lumière
et ortus primi solis,	et le lever du premier soleil,
solum mugire sub pedibus	le sol *commence à* mugir sous les pieds
et juga silvarum	et *que* les sommets des forêts
cœpta moveri,	commencèrent d'être agités,
canesque visæ ululare	et les chiens furent-vus hurler (hurlant)
per umbram,	à travers l'ombre,
Dea adventante.	la Déesse (Hécate) approchant.
Este procul, procul,	Soyez loin (tenez-vous au loin), loin *d'ici*,
o profani !	ô profanes !
conclamat vates,	s'écrie la prophétesse,
absistiteque toto luco.	et retirez-vous de tout le bois.
Tuque invade viam,	Et toi, *Énée*, marche-dans la route,
eripeque ferrum vagina.	et tire le fer du fourreau.

Nunc animis opus, Ænea, nunc pectore firmo. »
Tantum effata, furens antro se immisit aperto :
Ille ducem haud timidis vadentem passibus æquat.

Di, quibus imperium est animarum, Umbræque silentes,
Et Chaos, et Phlegethon, loca nocte silentia late,   265
Sit mihi fas audita loqui; sit numine vestro
Pandere res alta terra et caligine mersas.

Ibant obscuri sola sub nocte [1] per umbram,
Perque domos Ditis vacuas et inania regna :
Quale per incertam lunam sub luce maligna   270
Est iter in silvis, ubi cœlum condidit umbra
Jupiter, et rebus nox abstulit atra colorem.

Vestibulum ante ipsum, primisque in faucibus Orci,
Luctus et ultrices posuere cubilia Curæ;
Pallentesque habitant Morbi, tristisque Senectus,   275
Et Metus, et malesuada Fames, et turpis Egestas,
Terribiles visu formæ, Lethumque, Labosque,
Tum consanguineus Lethi Sopor, et mala mentis
Gaudia, mortiferumque adverso in limine Bellum,

main; c'est ici qu'il faut du courage et de l'intrépidité. » A ces mots, elle s'élance dans l'ouverture du souterrain, et le héros la suit d'un pas assuré.

Divinités qui régnez sur les morts, ombres paisibles, Chaos, Phlégéthon, vaste séjour de la Nuit et du Silence! qu'il me soit permis de redire ce que j'ai entendu; souffrez que je révèle des secrets ensevelis dans les ténébreux abîmes de la terre.

Ils marchaient seuls dans l'obscurité de la nuit, à travers les régions sombres et vides de l'empire de Pluton. Ainsi des voyageurs traversent une forêt, à la lueur des faibles rayons échappés de la lune, lorsque la nuit a voilé les cieux, et que les couleurs ont disparu de tous les objets.

A l'entrée même, et dans les premières gorges des Enfers, sont couchés les Chagrins et les Remords vengeurs. Là résident les pâles Maladies, la triste Vieillesse, la Crainte, la Faim aux affreux conseils et la hideuse Indigence, toutes figures effrayantes! et la Mort, et le Sommeil, frère de la Mort, et la Peine et les Plaisirs funestes.

Nunc, Ænea, opus animis, | Maintenant, Énée, il est besoin de courage,
nunc pectore firmo. | maintenant il est besoin d'un cœur ferme.
Effata tantum, | Ayant parlé autant (dit ces mots),
furens se immisit | furieuse elle s'élança
antro aperto. | dans l'antre ouvert.
Ille æquat ducem | Celui-ci (Énée) égale (suit) son guide
vadentem | qui va
passibus haud timidis. | à pas non timides.

  Di, quibus est | Dieux, auxquels est (appartient)
imperium animarum, | l'empire des âmes,
umbræque silentes, | et vous, ombres silencieuses,
et Chaos, et Phlegethon, | et vous, Chaos, et Phlégéthon,
loca tacentia late | lieux qui-vous-taisez au loin
nocte, | dans la nuit,
sit fas mihi | qu'il soit permis à moi
loqui audita; | de dire (de répéter) les choses entendues;
sit vestro numine, | qu'il me soit permis, avec votre volonté,
pandere res mersas | de révéler les choses plongées (cachées)
terra alta et caligine. | dans la terre profonde et dans l'obscurité.

  Ibant obscuri | Ils allaient obscurs
per umbram | à travers l'ombre
sub nocte sola | sous la nuit seule (solitaire)
perque domos vacuas | et à travers les demeures désertes
et regna inania Ditis : | et le royaume vide de Pluton :
quale est iter in silvis | tel qu'est un voyage dans les forêts
per lunam incertam | par une lune incertaine
sub luce maligna, | et sous une clarté faible (douteuse),
ubi Jupiter | lorsque Jupiter
condidit cœlum umbra, | a caché le ciel par l'ombre,
et nox atra | et que la nuit noire
abstulit colorem rebus. | a enlevé leur couleur aux objets.

  Luctus et Curæ ultrices | Les Chagrins et les Soucis vengeurs
posuere cubilia | ont établi leurs couches
ante vestibulum ipsum, | devant le vestibule même,
inque primis faucibus Orci; | et à l'entrée-des gorges de l'Enfer;
pallentesque Morbi, | et les pâles Maladies,
tristisque Senectus, | et la triste Vieillesse,
et Metus, | et la Crainte,
et Fames malesuada, | et la Faim mauvaise-conseillère,
ac turpis Egestas, | et la hideuse Pauvreté,
formæ terribiles visu, | figures terribles (effrayantes) à voir,
habitant, | y habitent,
Lethumque, Labosque; | et la Mort, et le Travail;
tum Sopor | puis le Sommeil
consanguineus Lethi, | frère de la Mort,
et mala gaudia mentis, | et les mauvaises joies de l'esprit,
inque limine adverso | et sur le seuil opposé habitent

Ferreique Eumenidum thalami, et Discordia demens,   280
Vipereum crinem vittis innexa cruentis.
In medio ramos annosaque brachia pandit
Ulmus opaca, ingens, quam sedem Somnia vulgo
Vana tenere ferunt, foliisque sub omnibus hærent.
Multaque præterea variarum monstra ferarum,   285
Centauri in foribus stabulant, Scyllæque biformes,
Et centumgeminus Briareus, ac bellua Lernæ
Horrendum stridens, flammisque armata Chimæra,
Gorgones, Harpyiæque, et forma tricorporis Umbræ.[1]
Corripit hic subita trepidus formidine ferrum   290
Æneas, strictamque aciem venientibus offert;
Et, ni docta comes tenues sine corpore vitas
Admoneat volitare cava sub imagine formæ,
Irruat, et frustra ferro diverberet umbras.
     Hinc via Tartarei quæ fert Acherontis ad undas :   295
Turbidus hic cœno vastaque voragine gurges

En face de la porte on voit la Guerre meurtrière, les Euménides et
leurs lits de fer, la Discorde insensée avec une chevelure de vipères,
nouée d'une bandelette sanglante. Au milieu s'élève un vieil orme,
dont les branches touffues déploient au loin leur feuillage : c'est
là, dit-on, qu'habitent les vains Songes, attachés à toutes les feuilles
de l'arbre. Mille autres objets monstrueux habitent encore près des
portes : les Centaures, les Scylles à double forme, Briarée aux cent
bras ; l'Hydre de Lerne, jetant des sifflements horribles ; la Chi-
mère armée de flammes ; les Gorgones, les Harpies, et l'Ombre à
trois corps. A cette vue, Énée tout ému saisit son épée, et en pré-
sente la pointe à tout ce qui s'offre devant lui ; et si sa compagne,
plus instruite, ne l'avertissait que ce sont des ombres vaines, et de
simples apparences de corps, qui voltigent autour de lui, il fondrait
sur elles avec furie, et frapperait inutilement l'air de son épée.
     De là s'étend vers le Tartare le chemin qui conduit à l'Achéron,
gouffre vaste et bourbeux, qui bouillonne en tournoyant, et

Bellum mortiferum,	la Guerre portant-la-mort
thalamique ferrei	et les lits de-fer
Eumenidum,	des Euménides,
et Discordia demens,	et la Discorde insensée,
innexa crinem vipereum	nouée à sa chevelure de-vipères
vittis cruentis.	de bandelettes sanglantes.
In medio	Au milieu
ulmus opaca, ingens,	un orme touffu, immense,
pandit ramos,	étend *ses* rameaux,
brachiaque annosa,	et *ses* bras chargés-d'années,
ferunt vana Somnia	on rapporte *que* les vains Songes
tenere vulgo quam sedem,	occupent ordinairement cette demeure,
hærentque	et *qu*'ils s'attachent
sub omnibus foliis.	sous toutes les feuilles.
Prætereaque	Et outre-cela
multa monstra	beaucoup de formes-monstrueuses.
variarum ferarum	de différentes bêtes-féroces
stabulant in foribus,	logent aux portes,
Centauri,	les Centaures,
Scyllæque biformes	et les Scylles à-deux-formes
et Briareus	et Briarée
centumgeminus,	cent-fois-redoublé (aux cent bras),
ac bellua Lernæ	et la bête (l'hydre) de Lerne
stridens horrendum,	sifflant d'une-manière-horrible,
Chimæraque	et la Chimère
armata flammis,	armée de flammes.
Gorgones, Harpyæque,	les Gorgones, et les Harpies,
et forma	et la forme
Umbræ tricorporis.	de l'Ombre à-trois-corps (Géryon).
Hic, Æneas trepidus	Ici, Énée tremblant
formidine subita	par une terreur subite
corripit ferrum,	saisit *son* fer (son épée),
offertque aciem strictam	et *en* présente la pointe tirée (nue)
venientibus ;	aux *ombres* qui venaient *au-devant de lui;*
et, ni comes docta	et si *sa* compagne instruite
admoneat	ne *l'*avertissait
vitas tenues sine corpore	que *ces* vies (âmes) légères sans corps
volitare	volaient
sub imagine cava	sous l'image (l'apparence) vaine
formæ,	d'une forme *corporelle,*
irruat, et frustra	il se précipiterait, et sans-fruit
diverberet umbras ferro.	il frapperait les ombres de *son* fer.
Hinc via quæ fert	D'ici *s'étend* la route qui porte
ad undas	vers les ondes
Acherontis Tartarei :	de l'Achéron Tartaréen :
hic gurges turbidus cœno	là *ce* gouffre trouble par la fange
vastaque voragine	et d'une vaste ouverture

2.

Æstuat, atque omnem Cocyto eructat arenam.
Portitor has horrendus aquas et flumina servat
Terribili squalore Charon ; cui plurima mento
Canities inculta jacet; stant lumina flamma [1] ;   300
Sordidus ex humeris nodo dependet amictus;
Ipse ratem conto subigit velisque ministrat,
Et ferruginea subvectat corpora cymba ;
Jam senior, sed cruda Deo viridisque senectus.
Huc omnis turba ad ripas effusa ruebat,   305
Matres atque viri, defunctaque corpora vita
Magnanimum heroum, pueri, innuptæque puellæ,
Impositique rogis juvenes ante ora parentum :
Quam multa in silvis autumni frigore primo
Lapsa cadunt folia ; aut ad terram gurgite ab alto   310
Quam multæ glomerantur aves, ubi frigidus annus
Trans pontum fugat et terris immittit apricis.
Stabant orantes primi transmittere cursum [2],
Tendebantque manus ripæ ulterioris amore :
Navita sed tristis nunc hos, nunc accipit illos ;   315
Ast alios longe submotos arcet arena.

qui vomit dans le Cocyte sa vase immonde. Sur ces eaux veille sans
cesse Charon, le redoutable nautonier de ces bords. Son air sévère
inspire la terreur ; une barbe inculte tombe à flots blanchis sur sa
poitrine ; la flamme sort de ses yeux; un sale vêtement, retenu par
un nœud, descend de ses épaules. Lui-même il gouverne, avec un
aviron et des voiles, la barque noire sur laquelle il transporte les
ombres de l'une à l'autre rive. Il est déjà vieux ; mais sa vieillesse
est verte et vigoureuse : c'est la vieillesse d'un dieu. Vers lui se pré-
cipite de toutes parts la foule des ombres répandues sur la plage :
hommes, femmes, héros magnanimes, qui ont fourni la carrière de la
vie ; jeunes enfants, jeunes filles, que la Parque a moissonnés avant
l'hymen ; fils chéris portés sur le bûcher sous les yeux de leurs
tristes parents. Moins nombreuses, aux premiers froids de l'automne,
tombent les feuilles dans les forêts; moins nombreux s'abattent sur
le rivage, après avoir traversé les mers, les oiseaux que la saison
rigoureuse pousse vers des climats plus voisins du soleil. Debout sur
la rive ils demandent à passer les premiers l'onde noire ; mais l'in-
flexible vieillard prend tantôt les uns, tantôt les autres, et repousse
tout le reste bien loin du rivage.

stuat atque eructat	bouillonne et vomit
nem arenam Cocyto.	tout *son* sable dans le Cocyte.
haron portitor horrendus	Charon nautonier redoutable
ualore terribili	d'une malpropreté repoussante
rvat has aquas et flumina.	garde ces eaux et *ces* fleuves.
anities inculta	Une barbe-blanche inculte (négligée)
cet mento huic ;	pend au menton à lui ;
mina stant flamma ;	*ses* yeux sont-pleins de flamme ;
mictus sordidus	un vêtement crasseux
ependet nodo ex humeris.	pend par un nœud de *ses* épaules.
se subigit ratem conto	Lui-même conduit le radeau avec l'aviron
inistratque velis,	et fait-le-service des voiles,
t subvectat corpora	et transporte les corps
ymba ferruginea ;	dans *sa* barque couleur-de-fer ;
am senior,	déjà vieux,
ed senectus cruda	mais une vieillesse vigoureuse
iridisque	et verte
eo.	*est* à *ce* dieu.
mnis turba effusa huc	Toute la foule répandue là
uebat ad ripas,	se précipitait vers les rives,
atres atque viri,	*c'étaient* des mères et des époux,
orporaque	et des corps
eroum magnanimum,	de héros magnanimes,
ueri, puellæque innuptæ,	des enfants et des filles non-mariées,
uvenesque impositi rogis	et des jeunes-gens placés-sur les bûchers
nte ora parentum :	devant le visage (les yeux) de *leurs* parents ;
uam folia	*aussi nombreux* que les feuilles
adunt multa silvis,	tombent nombreuses dans les forêts,
apsa	détachées
rimo frigore autumni ;	au premier froid de l'automne ;
ut quam multæ aves	ou que de nombreux oiseaux
lomerantur ad terram	s'assemblent-en-foule *allant* vers la terre
b gurgite alto,	depuis gouffre profond *de la mer*,
bi annus frigidus	dès que l'année (la saison) froide
ugat trans pontum	*les* chasse au delà de la mer
t immittit	et *les* envoie
erris apricis.	vers les terres exposées-au-soleil.
tabant, orantes	Ils étaient-debout, demandant
ransmittere cursum	à passer le trajet (faire la traversée)
rimi,	les premiers,
endebantque manus	et tendaient *leurs* mains
more ripæ ulterioris.	par désir de la rive ultérieure (opposée).
ed navita tristis	Mais le nocher triste (sévère)
accipit nunc hos,	reçoit tantôt ceux-ci,
nunc illos ;	tantôt ceux-là ;
ast arcet longe alios	mais il repousse au loin les autres
submotos arena.	écartés (qu'il écarte) du sable *du rivage.*

Æneas (miratus enim, motusqué tumultu) :
« Dic, ait, o virgo, quid vult concursus ad amnem?
Quidve petunt animæ? vel quo discrimine ripas
Hæ linquunt, illæ remis vada livida verrunt?»   320
Olli sic breviter fata est longæva sacerdos :
« Anchisa generate, Deum certissima proles,
Cocyti stagna alta vides, Stygiamque paludem,
Di cujus jurare timent et fallere numen [1].
Hæc omnis, quam cernis, inops inhumataque turba est; 325
Portitor ille, Charon; hi, quos vehit unda, sepulti.
Nec ripas datur horrendas et rauca fluenta
Transportare prius quam sedibus ossa quierunt.
Centum errant annos, volitantque hæc littora circum :
Tum demum admissi stagna exoptata revisunt. »   330
Constitit Anchisa satus, et vestigia pressit,
Multa putans, sortemque animo miseratus iniquam.
Cernit ibi mœstos, et mortis honore carentes,
Leucaspim, et Lyciæ ductorem classis Orontem,

Frappé de ce tumulte : « Vierge sacrée, dit Enée à la Sibylle, apprends-moi d'où vient ce concours sur le bord du fleuve? Que demandent ces âmes? et par quelle différence celles-ci sont-elles forcées de s'éloigner de la rive, tandis que celles-là fendent, avec la rame, ces eaux livides? » La prêtresse lui répond en peu de mots : « Fils d'Anchise, vrai sang des dieux, tu vois le profond étang du Cocyte et le marais du Styx, que les dieux n'osent attester en vain Cette foule que tu aperçois, ce sont les malheureux, les indigents restés sans sépulture. Ce nocher, c'est Charon ; il fait voguer sur ces flots ceux dont les cendres reposent dans le tombeau ; car il ne lui est pas permis de les passer sur ce fleuve redoutable, que leurs corps ne soient auparavant rendus à la terre. Sans ce dernier honneur, toujours errantes, elles voltigent cent ans autour de ces rives; et ce n'est qu'après ce long espace, qu'admises dans la barque, elles revoient enfin l'onde fatale. » Énée s'arrête et considère un moment ces ombres, faisant mille réflexions, et plaignant leur cruelle destinée. Il voit, parmi ces infortunés privés de sépulture, et Leucaspis et ce brave Oronte. chef de l'escadre lycienne, qui, partis avec

Æneas (miratus enim	Énée (car *il est* étonné
motusque tumultu) ait :	et ému de *ce* tumulte) dit :
O Virgo! dic,	O Vierge! dis-*moi*
quid vult concursus	que veut (que signifie) *ce* concours
ad amnem?	vers le fleuve?
quidve petunt animæ?	ou que demandent *ces* âmes?
vel quo discrimine	ou par quelle distinction
hæ linquunt ripas,	celles-ci laissent-elles les rives,
illæ verrunt	*et* celles-là sillonnent-elles
ramis	au moyen des rames
vada livida?	les gués (flots) livides?
Sacerdos longæva	La prêtresse d'un-grand-âge
fata est sic breviter olli :	parla ainsi succinctement à lui :
Generate Anchisa,	*O toi qui es* engendré d'Anchise,
proles certissima Deum,	race très-certaine des Dieux,
vides stagna alta Cocyti,	tu vois les étangs profonds du Cocyte
paludemque Stygiam,	et le marais du-Styx,
cujus Di timent	dont les Dieux craignent
jurare	de jurer (d'attester)
et fallere numen.	et de tromper la divinité (la puissance).
Omnis hæc turba,	Toute cette foule,
quam cernis	que tu vois,
est inops inhumataque;	est privée *de tombeau* et sans-sépulture;
ille portitor, Charon;	ce nocher *est* Charon;
hi quos unda vehit, sepulti.	ceux que l'onde porte *furent* ensevelis.
Nec datur	Et il n'est pas donné (permis)
transportare	de traverser
undas horrendas	*ces* ondes horribles
nec fluenta rauca	ni les courants au-rauque-murmure
priusquam ossa quierunt	avant que les os n'aient reposé
sedibus.	dans les demeures (tombeaux).
Errant volitantque	Ils errent et voltigent
circum hæc littora	autour de ces rivages
centum annos :	*pendant* cent années :
tum demum admissi	alors (après ce temps) enfin admis
revisunt stagna exoptata.	ils revoient les étangs désirés.
Satus Anchisa constitit,	*Le héros* issu d'Anchise s'arrêta,
et pressit vestigia,	et retint *ses* pas,
putans multa,	pensant (réfléchissant) beaucoup
miseratusque animo	et ayant pitié dans *son* âme
sortem iniquam.	du sort triste *de ces ombres*.
Cernit ibi Leucaspim,	Il aperçoit là Leucaspis,
et Orontem	et Oronte
ductorem classis Lyciæ	chef de la flotte de Lycie,
mœstos	tristes
et carentes	et privés
honore mortis,	de l'honneur de la mort (de la sépulture),

Quos simul, a Troja ventosa per æquora vectos,   335
Obruit Auster [1], aqua involvens navemque virosque.
   Ecce gubernator sese Palinurus agebat,
Qui Libyco nuper cursu, dum sidera servat,
Exciderat puppi, mediis effusus in undis.
Hunc ubi vix multa mœstum cognovit in umbra,   340
Sic prior alloquitur : « Quis te, Palinure, Deorum
Eripuit nobis medioque sub æquore mersit?
Dic age; namque, mihi fallax haud ante repertus,
Hoc uno responso animum delusit Apollo,
Qui fore te ponto incolumem, finesque canebat   345
Venturum Ausonios : en hæc promissa fides est? »
Ille autem : « Neque te Phœbi cortina [2] fefellit,
Dux Anchisiade, nec me Deus æquore mersit.
Namque gubernaclum multa vi forte revulsum,
Cui datus hærebam custos, cursusque regebam,   350
Præcipitans traxi mecum. Maria aspera juro
Non ullum pro me tantum cepisse timorem,

lui de Troie, et l'ayant suivi sur les mers, avaient été engloutis par
la tempête, eux et leur vaisseau.
   Bientôt il aperçoit le pilote Palinure, qui, dans le dernier trajet
de la mer de Libye, observant les astres sur la poupe de son vaisseau,
était tombé au milieu des flots. L'ayant enfin reconnu, au milieu de
ces ténèbres, il l'aborde et lui dit : « Cher Palinure, qui des dieux
nous a privés de toi, et t'a fait périr dans les ondes? Parle : en effet,
Apollon, qui ne m'avait jamais trompé, me flatta cette fois d'une
vaine espérance, en m'annonçant que tu échapperais à tous les dan
gers de la mer, et que tu aborderais dans l'Ausonie. Est-ce là ce
qu'il m'avait promis ? » « Non, répondit Palinure, l'oracle de
Phébus ne t'a point trompé; un dieu ne m'a point fait périr dans
les ondes. Je ne sais quelle secousse violente ayant arraché le gou-
vernail que tu m'avais confié, et que je tenais fortement en dirigeant
ta course, je tombai moi-même et l'entraînai avec moi dans ma
chute. Je jure, par tout ce que la mer a de plus affreux, que je fus
moins alarmé pour moi que pour ton vaisseau, dans la crainte

quos Auster obruit simul	que l'Auster engloutit en même temps
vectos a Troja	*quand ils étaient* transportés de Troie
per æquora ventosa,	sur les mers orageuses,
involvens aqua	*l'Auster* enveloppant dans l'eau
et navem et viros.	et le navire et les hommes.
Ecce gubernator Palinurus	Voici que le pilote Palinure
sese agebat,	se portait *au-devant d'Énée*,
qui nuper	*Palinure* qui récemment
cursu Libyco,	dans la course (navigation) de-Libye,
dum servat astra,	tandis qu'il observe les astres,
exciderat puppi,	était tombé de la poupe,
effusus in mediis undis.	jeté au milieu des eaux.
Ubi cognovit vix	Dès qu'il *r*econnut à peine
hunc mœstum	celui-ci triste
in umbra multa,	dans l'ombre épaisse,
alloquitur sic prior :	il *lui* parle ainsi le premier :
Quis Deorum	Qui des Dieux
eripuit te nobis, Palinure,	a arraché toi à nous, Palinure,
mersitque	et *t*'a plongé
sub medio æquore?	sous le milieu de la mer?
Dic age : namque Apollo,	Dis, allons : car Apollon,
haud repertus mihi	non trouvé par moi
ante fallax,	auparavant trompeur,
delusit animum	a joué (trompé) *mon* esprit
hoc uno responso,	par cette seule réponse,
qui canebat te	*lui* qui chantait (prédisait) toi
fore incolumem ponto,	devoir-être sain-et-sauf sur la mer,
venturumque	et devoir-venir
fines Ausonios.	sur les frontières d'-Ausonie.
En hæc est fides promissa ?	Est-ce-que c'est *là* la foi promise ?
Ille autem :	Mais celui-ci *répondit* :
Et cortina Phœbi	Et le trépied de Phébus
non fefellit te,	n'a pas trompé toi,
dux Anchisiade,	chef fils-d'Anchise,
nec Deus mersit me æquore.	et un Dieu n'a pas plongé moi dans la mer.
Namque præcipitans	Car tombant
traxi mecum,	j'ai entraîné avec moi,
revulsum forte	arraché par accident
multa vi gubernaculum,	avec beaucoup de force, le gouvernail
cui hærebam	auquel j'étais attaché
datus custos,	*lui étant* donné *pour* gardien,
regebamque cursus.	et *avec lequel* je dirigeais les courses.
Juro maria aspera	Je jure *par* les mers rudes (orageuses)
non cepisse	n'avoir pas pris (éprouvé)
ullum tantum timorem	aucune si-grande crainte
pro me,	pour moi,
quam ne tua navis,	que de peur que ton vaisseau,

Quam tua ne spoliata armis , excussa magistro,
Deficeret tantis navis surgentibus undis.
Tres Notus hibernas immensa per æquora noctes   355
Vexit me violentus aqua : vix lumine quarto
Prospexi Italiam, summa sublimis ab unda.
Paulatim adnabam terræ; jam tuta tenebam,
Ni gens crudelis madida cum veste gravatum ,
Prensantemque uncis manibus capita aspera montis,   360
Ferro invasisset, prædamque ignara putasset.
Nunc me fluctus habet, versantque in littore venti.
Quod te per cœli jucundum lumen et auras ,
Per genitorem, oro, per spes surgentis Iuli,
Eripe me his, invicte, malis! aut tu mihi terram   365
Injice, namque potes , portusque require Velinos ¹;
Aut tu, si qua via est, si quam tibi Diva creatrix
Ostendit (neque enim, credo, sine numine Divum
Flumina tanta paras Stygiamque innare paludem),
Da dextram misero, et tecum me tolle per undas ,   370
Sedibus ut saltem placidis in morte quiescam ! »

qu'abandonné à lui-même, sans pilote et sans gouvernail, il ne pût pas résister à la fureur des vagues que je voyais s'élever. Je passai trois jours ou plutôt trois nuits des plus orageuses, au milieu des mers, à la merci d'un vent du midi des plus violents : enfin, le quatrième jour, j'aperçus l'Italie, à la faveur d'une vague qui m'élevait jusqu'aux cieux. Je gagnai peu à peu la terre à la nage, et déjà j'étais en sûreté, si une nation cruelle, me voyant gravir avec peine le long d'une roche, sous le poids de mes habits mouillés, ne fût venue fondre sur moi le fer à la main, croyant trouver quelque riche dépouille. Mon corps, abandonné sur le rivage, est maintenant le jouet des vents et des flots. Héros invincible, je t'en conjure par la lumière des cieux dont tu jouis, au nom d'Anchise ton père, au nom d'Iule, ta plus douce espérance, délivre-moi de ce funeste état. Tu le peux, daigne jeter un peu de terre sur mon corps ; tu le trouveras au port de Vélie. Ou, s'il est ici des chemins pour toi , si la déesse ta mère t'ouvre l'entrée de ces lieux (car ce n'est point sans l'ordre du ciel que tu te prépares à passer le vaste marais du Styx), tends la main à un infortuné, emmène-moi avec toi à travers les ondes , afin que, privé de la vie, je trouve au moins le repos et la tranquillité parmi les morts. »

oliata armis,	dépouillé d'agrès (de gouvernail),
cussa	secoué (privé par une secousse)
agistro,	du maître *des manœuvres*,
ficeret	ne faillit (n'eût pas assez de force)
ntis undis surgentibus.	de si grandes ondes s'élevant.
otus violentus	Le Notus (vent du midi) violent
't me aqua	porta moi sur l'eau
es noctes hibernas	*durant* trois nuits orageuses
r æquora immensa :	à travers les mers immenses :
x quarto lumine	à peine le quatrième jour *venu*
ospexi Italiam	j'aperçus l'Italie
blimis ab summa unda.	élevé *que j'étais* sur le-haut-de l'onde.
aulatim adnabam terræ;	Peu-à-peu je nageais vers la terre ;
m tenebam tuta,	*et* déjà je tenais des *lieux* sûrs,
' gens crudelis	si une nation (peuplade) cruelle
vasisset ferro,	ne *m'*eût attaqué avec le fer,
naraque putasset prædam	et ignorante ne *m'*eût jugé une proie,
ravatum	*moi* appesanti
veste madida,	avec mon vêtement mouillé
rensantemque	et cherchant-à-saisir
anibus uncis	de *mes* mains crochues
apita aspera montis.	les sommets raboteux d'un mont (rocher).
unc fluctus	Maintenant le flot (l'empire des flots)
abet me,	possède moi,
entique versant	et les vents *me* tournent (me ballottent)
littore.	sur le rivage.
uod oro te	Je prie *donc* toi
er jucundum lumen cœli	par la douce lumière du ciel
t auras, per genitorem,	et *par* les airs, par *ton* père,
er spes Iuli	par l'espérance (l'avenir) d'Iule
urgentis,	qui grandit,
ripe me, invicte,	arrache moi, *héros* invincible,
is malis!	à ces maux (à ce malheur)!
ut tu injice terram mihi,	ou toi jette de la terre sur moi (mon corps),
amque potes,	car tu *le* peux,
equireque portus Velinos;	et recherche le port de-Vélie;
ut si qua via est,	ou si quelque moyen existe,
i diva creatrix	si la déesse *ta* mère
stendit tibi quam	*en* a montré à toi quelqu'un
neque enim paras, credo,	(car tu ne *te* prépares pas, je crois,
nare sine numine Divum	à traverser sans le secours des Dieux
anta flumina,	de si grands fleuves,
aludemque Stygiam),	et le marais du-Styx),
u, da dextram misero,	toi, donne la main à un malheureux,
t tolle me tecum per undas,	et enlève moi avec toi à travers les ondes,
t saltem quiescam	afin que du moins je repose
morte	au-sein-de la mort

Talia fatus erat, cœpit quum talia vates :

« Unde hæc, o Palinure, tibi tam dira cupido?

Tu Stygias inhumatus aquas amnemque severum

Eumenidum adspicies, ripamve injussus adibis?   375

Desine fata Deum flecti sperare precando;

Sed cape dicta memor, duri solatia casus :

Nam tua finitimi, longe lateque per urbes

Prodigiis acti cœlestibus, ossa piabunt,

Et statuent tumulum, et tumulo solennia mittent,   380

Æternumque locus Palinuri nomen habebit. »

His dictis curæ emotæ, pulsusque parumper

Corde dolor tristi; gaudet cognomine terra.

Ergo iter inceptum peragunt, fluvioque propinquant.

Navita quos jam inde ut Stygia prospexit ab unda   385

Per tacitum nemus ire, pedemque advertere ripæ,

Sic prior aggreditur dictis, atque increpat ultro :

« Quisquis es, armatus qui nostra ad flumina tendis,

Fare age quid venias; jam istinc et comprime gressum.

La Sibylle l'interrompit à ces mots : « O Palinure, lui dit-elle, d'où te vient ce désir insensé? Quoi! sans être inhumé, tu franchirais l'onde stygienne, et le fleuve redoutable des Euménides? tu quitterais la rive fatale sans l'ordre des dieux? Cesse de te flatter que tes prières puissent changer les destins; mais souviens-toi de ces paroles, qui doivent te consoler dans ton malheur : bientôt les peuples des villes voisines, effrayés par mille prodiges célestes, recueilleront tes os, les déposeront dans un tombeau, et t'y rendront, chaque année, des honneurs funèbres; et ce lieu portera, dans tous les siècles, le nom de Palinure. » Ces mots bannirent ses inquiétudes, et soulagèrent un peu sa douleur. Il apprend avec joie qu'un lieu dans l'univers portera son nom.

Énée et la Sibylle poursuivent leur route, et déjà ils s'avancent vers le fleuve. Le nocher, de dessus le Styx, les voyant marcher par la forêt, et diriger leurs pas vers la rive, les prévient, et s'écrie d'un ton menaçant : « Qui que tu sois, qui oses venir tout armé sur ces bords, dis ce que tu cherches, et n'avance pas. C'est ici le séjour

sedibus placidis!	dans des demeures paisibles.
Fatus erat talia	Il avait dit de telles *paroles*
quum vates	lorsque la prophétesse
cœpit talia :	commença *à répondre* de telles *choses* :
Unde tibi, o Palinure,	D'où *vient* à toi, ô Palinure,
hæc cupido tam dira?	ce désir si cruel (si insensé)?
tu inhumatus	toi non-inhumé (qui n'as pas été enseveli)
adspicies aquas Stygias	tu verras les eaux du-Styx
amnemque severum	et le fleuve sévère
Eumenidum,	des Euménides,
injussusve	ou sans-ordre (non envoyé par les Dieux)
adibis ripam?	tu iras-vers (aborderas) la rive *infernale?*
Desine sperare	Cesse d'espérer
fata Deum flecti precando;	les destins des Dieux être fléchis en priant;
sed memor cape dicta,	mais te ressouvenant prends *ces* paroles,
solatia casus duri :	*comme* consolation de *ton* malheur cruel :
nam finitimi,	car (c'est que) des *peuples* voisins,
acti	poussés (poursuivis)
prodigiis cœlestibus	par des prodiges célestes
longe lateque per urbes,	au loin et au large par les villes,
piabunt tua ossa,	expieront (apaiseront) tes os (tes mânes),
et statuent tumulum,	et *t'*élèveront un tombeau,
et mittent tumulo	et enverront à *ce* tombeau
solennia,	des *présents* solennels,
locusque habebit æternum	et *ce* lieu aura (portera) éternellement
nomen Palinuri.	le nom de Palinure.
Curæ emotæ his dictis,	*Ses* soucis *furent* éloignés par ces paroles,
dolorque pulsus parumper	et la douleur chassée un-peu-de-temps
corde tristi;	de *son* cœur triste;
gaudet terra cognomine.	il se réjouit de la terre du-même-nom *que lui.*
Ergo peragunt iter inceptum	Donc ils achèvent le chemin commencé
propinquantque fluvio.	et ils approchent du fleuve.
Ut navita	Dès que le nocher
ab unda Stygia	*du haut* de l'onde du-Styx
jam inde prospexit quos	déjà de-là aperçut eux
ire per nemus tacitum,	aller (allant) par la forêt silencieuse,
advertereque pedem ripæ,	et tourner (diriger) le pied vers la rive,
prior aggreditur sic	le premier il *les* attaque ainsi
dictis,	par *ces* paroles,
atque increpat ultro :	et gourmande en-prenant-les-devants :
Quisquis es,	Qui que tu sois
qui tendis armatus	qui t'avances armé
ad nostra flumina,	vers nos fleuves,
age fare quid venias;	allons! dis pourquoi tu viens;
et jam istinc	et déjà de là (sans approcher davantage)
comprime gressum.	arrête *ton* pas.
Hic locus est Umbrarum,	Ce lieu est *celui* des Ombres,

Umbrarum hic locus est, Somni Noctisque soporæ :   390
Corpora viva nefas Stygia vectare carina.
Nec vero Alciden me sum lætatus euntem
Accepisse lacu, nec Thesea, Pirithoumque,
Dis quanquam geniti atque invicti viribus essent :
Tartareum ille manu custodem in vincla petivit,   395
Ipsius a solio regis traxitque trementem ;
Hi dominam Ditis thalamo deducere adorti. »
    Quæ contra breviter fata est Amphrysia vates [1] :
« Nullæ hic insidiæ tales ; absiste moveri ;
Nec vim tela ferunt : licet ingens janitor antro   400
Æternum latrans exsangues terreat umbras ;
Casta licet patrui [2] servet Proserpina limen.
Troius Æneas, pietate insignis et armis,
Ad genitorem imas Erebi descendit ad umbras.
Si te nulla movet tantæ pietatis imago,   405
At ramum hunc (aperit ramum qui veste latebat)
Agnoscas. » Tumida ex ira tum corda residunt.
Nec plura his : ille admirans venerabile donum
Fatalis virgæ, longo post tempore visum,

des Ombres, du Sommeil et de la Nuit ; il m'est défendu de recevoir les vivants sur la barque infernale. Je me suis trop repenti d'avoir reçu Hercule, Thésée, Pirithoüs, quoique invincibles, quoique issus du sang des dieux. Le premier eut l'audace d'enchaîner le gardien des Enfers, et l'arracha tout tremblant du trône même de Pluton : les deux autres voulurent enlever la reine des Enfers des bras de son époux. »

La Sibylle lui répond en peu de mots : « Nous n'avons pas ces desseins perfides ; cesse de t'alarmer : ces armes ne sont point pour commettre de violences. Que le terrible Cerbère continue d'épouvanter les pâles Ombres par ses éternels aboiements ; que Proserpine demeure toujours fidèle à son époux. Énée, prince troyen, fameux par sa piété et par sa valeur, descend dans les abîmes ténébreux de l'Érèbe, pour voir son père. Si tu n'es point touché d'un si pieux dessein, reconnais du moins ce rameau. » En même temps elle tira le rameau qu'elle cachait dans sa robe. Toute la colère du nocher tombe à cet aspect : il n'en fallut pas davantage. Frappé de respect à la vue de la branche fatale, de cette offrande auguste qu'il

Somni Noctisque soporæ;	du Sommeil et de la Nuit qui-endort;
nefas vectare	*il est* défendu de transporter
carina Stygia	sur la barque du-Styx
corpora viva.	des corps vivants.
Nec vero sum lætatus	Et en vérité je ne me suis pas réjoui
me accepisse lacu	moi avoir (d'avoir) reçu sur *ce* lac (fleuve)
Alciden euntem,	Alcide qui allait *aux enfers*,
nec Thesea, Pirithoumque,	ni Thésée, et Pirithoüs,
quanquam essent geniti Dis	quoiqu'ils fussent issus des Dieux
atque invicti viribus :	et invincibles par *leurs* forces :
ille petivit manu	celui-là attaqua de *sa* main
in vincla	*pour le mettre* dans les fers
custodem Tartareum,	le gardien du-Tartare,
traxitque trementem	et *l'*entraîna tremblant
a solio regis ipsius ;	du trône du roi lui-même ;
hi adorti	ceux-ci tentèrent
deducere thalamo	d'emmener du lit-nuptial
dominam Ditis.	la femme de Pluton.
Contra quæ	En-réponse-à ces *paroles*
vates Amphrysia	la prophétesse d'-Amphryse
fata est breviter :	parla brièvement *ainsi* :
Hic nullæ insidiæ tales ;	Ici nulles embûches telles ne *sont ;*
absiste moveri ;	cesse de t'émouvoir ;
et tela non ferunt vim :	et *ces* armes n'apportent pas la violence :
licet ingens janitor	il est-permis que l'énorme portier
latrans æternum antro	aboyant éternellement dans *son* antre
terreat umbras exsangues ;	épouvante les ombres privées-de-sang ;
licet casta Proserpina	il est-permis que la chaste Proserpine
servet limen	garde (habite) le seuil (la demeure)
patrui.	de *son* oncle-paternel (Pluton).
Troius Æneas,	Le troyen Énée,
insignis pietate et armis,	célèbre par *sa* piété et par *ses* armes,
descendit ad genitorem,	descend vers *son* père,
ad umbras imas Erebi.	vers les ombres profondes de l'Érèbe.
Si imago tantæ pietatis	Si l'image (la vue) d'une si-grande piété
movet nulla te,	n'émeut nullement toi,
at agnoscas	du moins reconnais
hunc ramum	ce rameau
(aperit ramum	(elle découvre le rameau
qui latebat veste).	qui était caché sous *son* vêtement).
Tum corda tumida	Alors le cœur gonflé *du nocher*
residunt ex ira.	s'affaisse (se dépouille) de *sa* colère.
Nec plura his :	Et *elle n'ajouta* pas plus *de mots* que ceux-ci :
ille admirans	celui-ci admirant
donum venerabile	le don vénérable
virgæ fatalis,	de la baguette (tige) fatale,
visum	vu (qu'il voyait)

Cæruleam advertit puppim ripæque propinquat.   410
Inde alias animas, quæ per juga longa sedebant,
Deturbat, laxatque foros [1]; simul accipit alveo
Ingentem Ænean : gemuit sub pondere cymba
Sutilis, et multam accepit rimosa paludem.
Tandem trans fluvium incolumes vatemque virumque   415
Informi limo, glaucaque exponit in ulva.

Cerberus hæc ingens latratu regna trifauci
Personat, adverso recubans immanis in antro.
Cui vates, horrere videns jam colla colubris,
Melle soporatam et medicatis frugibus offam   420
Objicit : ille, fame rabida tria guttura pandens,
Corripit objectam, atque immania terga resolvit
Fusus humi, totoque ingens extenditur antro.
Occupat Æneas aditum, custode sepulto,
Evaditque celer ripam irremeabilis undæ.   425

Continuo auditæ voces, vagitus et ingens,
Infantumque animæ flentes in limine primo,
Quos, dulcis vitæ exsortes et ab ubere raptos,
Abstulit atra dies et funere mersit acerbo.

n'avait pas vue depuis si longtemps, il tourne sa barque, et, l'approchant du rivage, il en chasse les ombres qui s'étaient assises le long des bancs; en même temps il reçoit à bord le grand Énée. La légère nacelle, composée d'écorces cousues ensemble, gémit sous le poids du héros, et fait eau de toutes parts. Il débarque enfin de l'autre côté du fleuve, et la prêtresse et le guerrier, sur un terrain fangeux rempli de roseaux.

C'est là que l'énorme Cerbère, sentinelle redoutable, couché dans son antre, fait retentir les pâles royaumes de son triple aboiement. Déjà se dressaient les serpents qui sifflent sur sa tête; mais la Sibylle lui jette un gâteau soporifique, pétri de miel et de pavots. Le monstre affamé ouvre à la fois ses trois gueules et l'engloutit, et soudain, s'affaissant sur lui-même, il tombe, appesanti par le sommeil, et remplit de son vaste corps toute l'étendue de son antre. Énée, voyant endormi le redoutable gardien des Enfers, s'avance et franchit rapidement la rive de ce fleuve qu'on ne repasse jamais.

Déjà il entend les voix plaintives et les cris aigus des enfants qui pleurent à l'entrée de ces lieux; faibles ombres, enlevées à la mamelle, et plongées dans l'horreur du tombeau, par un trépas prématuré, avant que d'avoir goûté les douceurs de la vie. Près d'eux sont ceux qui ont subi la mort par une injuste condamnation. Ces

longo tempore post,	long temps depuis *qu'il l'avait vu,*
advertit puppim cæruleam,	tourne-vers *eux sa* poupe(barque)azurée,
propinquatque ripæ.	et approche de la rive.
Inde deturbat alias animas	De-là (ensuite) il éloigne d'autres âmes
quæ sedebant	qui étaient assises
per juga longa,	sur les bancs longs (le long des bancs),
laxatque foros ;	et fait-évacuer le tillac ;
simul accipit alveo	en-même-temps il reçoit dans *sa* barque
ingentem Ænean.	le grand Énée.
Cymba sutilis	La barque *faite* d'un-*léger*-tissu
gemuit sub pondere,	gémit sous le poids ,
et rimosa	et fendue
accepit multam paludem.	reçut beaucoup d'*eau-du-*marais.
Tandem exponit	Enfin il dépose
trans fluvium incolumes	au-delà du fleuve , sains-et-saufs ,
vatemque virumque	et la prophétesse et le héros
limo informi ,	sur le limon informe (sale)
in ulvaque glauca.	et sur l'herbe-de-marais verdâtre.
Ingens Cerberus,	Le grand Cerbère,
recubans immanis	couché immense
in antro adverso,	dans *son* antre situé-en-face,
personat hæc regna	fait-résonner ces royaumes
latratu trifauci.	par *son* aboiement de-trois-gosiers.
Vates videns jam	La prophétesse voyant déjà
colla horrere colubris,	*son* cou se hérisser de couleuvres,
objicit cui offam	jette-devant lui un gâteau
soporatam melle,	rendu-soporifique par le miel
et frugibus medicatis.	et par des graines préparées-avec-art.
Ille pandens tria guttura	Celui-ci ouvrant *ses* trois gueules
fame rabida,	avec une faim enragée,
corripit objectam,	saisit le *gâteau* jeté-devant *lui,*
atque fusus humi	et répandu (étendu) à terre
resolvit terga immania,	il étale *son* dos (sa taille) énorme,
extenditurque ingens	et il s'étend immense
toto antro.	dans tout (toute la grandeur de) l'antre.
Æneas occupat aditum,	Enée occupe (se rend maître de) l'entrée,
custode sepulto ,	le gardien étant enseveli *dans le sommeil,*
evaditque celer	et il franchit rapide
ripam undæ irremeabilis.	la rive de l'onde qu'on-ne-peut-repasser.
Continuo voces auditæ,	Aussitôt des voix *furent* entendues ,
et ingens vagitus,	et un grand vagissement,
animæque infantum	et les âmes des enfants
flentes in primo limine,	pleurant sur le premier seuil ,
quos dies atra abstulit	*êtres* qu'un jour (destin) cruel enleva
exsortes dulcis vitæ	n'ayant-pas-eu-*leur-*part d'une douce vie
et raptos ab ubere,	et arrachés à la mamelle,
et mersit funere acerbo.	et plongea dans une mort prématurée.

Hos juxta falso damnati crimine mortis.   430

Nec vero hæ sine sorte datæ, sine judice, sedes :

Quæsitor Minos urnam movet; ille silentum

Conciliumque vocat, vitasque et crimina discit.

Proxima deinde tenent mœsti loca qui sibi lethum

Insontes peperere manu, lucemque perosi   435

Projecere animas. Quam vellent æthere in alto

Nunc et pauperiem et duros perferre labores!

Fas obstat[1], tristique palus inamabilis unda

Alligat, et novies Styx interfusa coercet.

Nec procul hinc partem fusi monstrantur in omnem   440

Lugentes campi; sic illos nomine dicunt.

Hic, quos durus amor crudeli tabe peredit,

Secreti celant calles, et myrtea circum

Silva tegit; curæ non ipsa in morte relinquunt.

His Phædram Procrinque locis[2], mœstamque Eriphylen   445

Crudelis nati monstrantem vulnera cernit,

Evadnenque, et Pasiphaen : his Laodamia

places ne sont point données au hasard, mais par des juges que le sort a choisis. Minos préside, et tient l'urne fatale. Il appelle à son tribunal les ombres muettes, examine leur vie, et recherche tous leurs crimes. Plus loin sont les malheureux qui, victimes d'un noir chagrin, ont tranché, par une mort volontaire, des jours jusqu'alors innocents, et, détestant la lumière, ont rejeté la vie avec horreur. Qu'ils voudraient maintenant souffrir encore sur la terre, et la pauvreté, et les plus pénibles travaux! Les destins s'y opposent; un odieux marais les retient sur ses tristes bords; le Styx, neuf fois replié sur lui-même, les enferme à jamais dans le sombre séjour.

On découvre ensuite une plaine immense, appelée le champ des Pleurs. C'est là que, retirés dans des bosquets de myrtes, coupés de mille allées solitaires, se promènent tristement ceux que le cruel Amour a consumés sur la terre, de ses funestes atteintes; la mort même ne les délivre pas de leurs soucis. Énée aperçoit, dans ces lieux, Phèdre, Procris et la triste Ériphyle, montrant encore le coup mortel qu'elle reçut de son fils. Il voit avec elles Évadné, Pa-

Juxta hos damnati	Près de ceux-ci *sont* les condamnés
falso crimine	sur une fausse accusation
mortis.	de mort (capitale).
Et vero hæ sedes non datæ	Mais ces demeures *ne sont* pas données
sine sorte, sine judice.	sans sort (sans arrêt du sort), sans juge.
Minos quæsitor	Minos *juge*-examinateur
movet urnam.	agite l'urne *fatale*.
Ille vocatque	Et il convoque
concilium silentum,	la réunion des *ombres* silencieuses,
discitque vitas et crimina.	et il apprend *leurs* vies et *leurs* crimes.
Deinde mœsti	Ensuite *d'autres ombres* tristes
tenent loca proxima,	occupent les lieux les plus proches,
qui insontes	ceux qui innocents
sibi peperere lethum manu,	se sont donné la mort de *leur* main,
perosique lucem	et *qui* haïssant la lumière *du jour*
projecere animas.	ont rejeté *leurs* âmes *de leur corps*.
Quam vellent	*Oh!* qu'ils voudraient-*bien*
perferre nunc	supporter maintenant
in æthere alto	dans l'air élevé (sur la terre)
et pauperiem	et la pauvreté
et duros labores!	et les durs travaux!
Fas obstat,	Le destin s'y oppose,
palusque inamabilis	et le marais odieux
alligat unda tristi,	*les* enchaîne par *son* onde triste,
et Styx	et le Styx
novies interfusa	neuf-fois coulant-entre *eux et le jour*
coercet.	*les* retient.
Nec procul hinc	Et non loin de là
monstrantur	sont montrés
fusi in omnem partem	répandus (s'étendant) de toute part
campi lugentes,	les champs pleurants (champs des pleurs),
dicunt illos sic nomine.	on appelle eux ainsi de nom.
Hic calles secreti celant	Là des sentiers secrets cachent *aux yeux*
quos durus amor	*ceux* qu'un dur amour
peredit crudeli tabe,	rongea par une cruelle langueur,
et silva myrtea	et une forêt de-myrtes
tegit circum;	*les* couvre à l'entour;
curæ non relinquunt	*leurs* soucis ne *les* quittent pas
in morte ipsa.	dans la mort même.
Cernit his locis	Il (Énée) voit dans ces lieux
Phædram, Procrinque	Phèdre et Procris
mœstamque Eriphylen,	et la triste Eriphyle,
monstrantem vulnera	montrant les blessures *qu'elle reçut*
nati crudelis,	d'un fils cruel,
Evadnenque et Pasiphaen.	et Evadné et Pasiphaé.
Laodamia it comes his,	Laodamie va compagne à celles-ci,
et Cænis quondam juvenis,	et Cenis autrefois jeune-homme,

It comes, et, juvenis quondam, nunc femina Cænis,
Rursus et in veterem fato revoluta figuram.

    Inter quas Phœnissa, recens a vulnere, Dido   450
Errabat silva in magna; quam Troius heros
Ut primum juxta stetit, agnovitque per umbram
Obscuram, qualem primo qui surgere mense
Aut videt aut vidisse putat per nubila lunam,
Demisit lacrimas, dulcique affatus amore est :   455
« Infelix Dido, verus mihi nuntius ergo
Venerat exstinctam, ferroque extrema secutam !
Funeris heu! tibi causa fui! Per sidera juro,
Per Superos, et si qua fides tellure sub ima est,
Invitus, regina, tuo de littore cessi.   460
Sed me jussa Deum, quæ nunc has ire per umbras,
Per loca senta situ cogunt noctemque profundam,
Imperiis egere suis; nec credere quivi
Hunc tantum tibi me discessu ferre dolorem.
Siste gradum, teque adspectu ne subtrahe nostro.   465
Quem fugis? extremum fato, quod te alloquor, hoc est. »

siphaé, Laodamie, et Cénis, autrefois jeune garçon, mais fille dans les Enfers, et rendue par le trépas à son premier sexe.

Comme elles, au milieu de cette vaste forêt, se promenait Didon, portant les marques récentes de sa blessure. Dès que le héros troyen fut près d'elle, et l'eut reconnue à travers l'obscurité, comme on voit ou que l'on croit voir la lune, au commencement de son mois, s'élever entre les nuages; il versa des larmes, et lui dit avec la plus vive tendresse : « Infortunée Didon! il était donc vrai que tu ne vivais plus, et que, livrée au désespoir, tu avais toi-même tranché le fil de tes jours! Hélas! je fus la cause de ta mort! mais je prends à témoin les astres, les dieux d'en haut, et tout ce qu'il y a de sacré dans les Enfers, que si j'ai quitté tes États, c'est malgré moi. Ces mêmes dieux qui m'obligent aujourd'hui de descendre dans la nuit profonde, dans ce séjour de ténèbres et d'horreur, ce sont eux, dont les ordres absolus m'ont forcé de t'abandonner. Je n'ai pu croire que mon départ te dût causer tant de douleur. Arrête, ne t'arrache point à mes regards. Ah! qui fuis-tu? c'est pour la dernière fois que le destin me permet de te parler. » C'est par ces discours, soutenus de ses larmes, qu'Énée s'efforçait d'adoucir l'ombre

nunc femina, — maintenant femme,

et rursus revoluta fato — et de nouveau retournée par le destin

in veterem figuram. — à *son* ancienne (première) figure.

Inter quas Phœnissa Dido, — Entre elles la Phénicienne Didon

recens a vulnere, — récente depuis *sa* blessure

errabat in magna silva. — errait dans la grande forêt.

Ut primum heros Troius — Aussitôt que le héros troyen

stetit juxta quam, — s'arrêta (se trouva) auprès d'elle,

agnovitque — et qu'il *la* reconnut

per umbram obscuram, — à travers l'ombre obscure,

qualem qui aut videt — telle-que quelqu'un ou voit

aut putat vidisse — ou pense avoir vu

lunam surgere per nubila — la lune se lever à travers les nues

mense primo, — le mois commençant (à son premier quar-

demisit lacrimas, — il laissa-couler des larmes, [tier)

affatusque est dulci amore. — et il *lui* parla avec un doux amour.

Infelix Dido, ergo — Malheureuse Didon, *ainsi* donc

verus nuntius — une *trop* véritable nouvelle

venerat mihi — était *parvenue* à moi, *m'annonçant*

exstinctam — *que tu étais* morte

secutamque extrema — et *que* tu avais suivi les *partis* extrêmes

ferro? — *en te délivrant de la vie* par le fer ?

heu fui tibi causa funeris. — hélas! j'ai été à toi la cause de la mort.

Juro per sidera, — *Mais* je jure par les astres,

per Superos — par les Dieux-d'en-haut

et si qua fides — et si quelque garantie *du serment*

est sub tellure ima, — est sous la terre profonde (les Enfers),

regina, cessi invitus — ô reine, je me suis retiré malgré-moi

de tuo littore. — de ton rivage.

Sed jussa Deum, — Mais les ordres des Dieux,

quæ nunc cogunt me — qui maintenant forcent moi

ire per has umbras — d'aller parmi ces ombres, [dité,

per loca senta situ, — à travers *ces* lieux horribles par *leur* humi-

noctemque profundam, — et *à travers* la nuit profonde,

egere suis imperiis; — m'ont poussé par leurs ordres ;

nec quivi credere — et je n'ai pu croire

me ferre tibi discessu — moi apporter à toi par *mon* départ

hunc dolorem tantum. — cette douleur si grande *qui causa ta mort.*

Siste gradum, — Arrête *ton* pas (ta marche),

neque subtrahe te — et ne soustrais pas toi (ne te dérobe pas)

nostro adspectu. — à notre aspect (à mes regards).

Quem fugis? — *Ah !* qui fuis-tu ?

Hoc est extremum, — C'est le dernier *moment*

quod alloquor te, — que j'entretiens toi

fato. — par le destin (la permission du destin).

Æneas talibus dictis — Énée par de telles paroles

lenibat — adoucissait (s'efforçait d'adoucir)

Talibus Æneas ardentem et torva tuentem [1]
Lenibat dictis animum, lacrimasque ciebat.
Illa solo fixos oculos aversa tenebat,
Nec magis incepto vultum sermone movetur,   470
Quam si dura silex aut stet Marpesia cautes [2].
Tandem corripuit sese, atque inimica refugit
In nemus umbriferum, conjux ubi pristinus illi
Respondet curis, æquatque Sichæus amorem.
Nec minus Æneas, casu percussus iniquo,   475
Prosequitur lacrimans longe, et miseratur euntem.
    Inde datum molitur iter : jamque arva tenebant
Ultima, quæ bello clari secreta frequentant.
Hic illi occurrit Tydeus [3], hic inclytus armis
Parthenopæus [4], et Adrasti [5] pallentis imago :   480
Hic multum fleti ad superos belloque caduci
Dardanidæ; quos ille omnes longo ordine cernens
Ingemuit, Glaucumque, Medontaque, Thersilochumque [6],
Tres Antenoridas [7], Cererique sacrum Polyphœten [8],

irritée. Didon, sans daigner le regarder, fixait vers la terre des yeux
immobiles; plus froide et plus insensible aux discours du héros
que le plus dur rocher, ou qu'un marbre de Paros. Enfin elle
s'échappe, et fuit d'un air indigné dans un sombre bosquet, où
Sichée, son premier époux, partage son amour, et répond à sa
tendresse. Énée, qu'un si triste sort attendrit, la suit encore long-
temps des yeux, en déplorant son malheur.

    Ensuite il continue sa route, et arrive à l'extrémité de la plaine,
où sont rassemblées les ombres des fameux guerriers. Il rencontre
dans ces lieux Tydée, le brave Parthénopée et le pâle Adraste. Il y
voit en gémissant cette multitude de Troyens que la guerre mois-
sonna, et qui firent verser tant de larmes sur la terre : Glaucus,
Médon, Thersiloque, les trois fils d'Anténor, Polyphète, prêtre de
Cérès, et Idée toujours armé, toujours conduisant son char. Toutes

animum	en *son* âme
ardentem	*elle* irritée
et tuentem torva,	et regardant de-travers,
ciebatque lacrimas.	et il faisait-venir (versait) des larmes.
Illa aversa	Celle-ci (Didon) détournée
tenebat oculos fixos solo,	tenait *ses* yeux fixés au sol,
nec magis movetur	et elle n'est pas plus émue
vultum	de visage
sermone incepto	par *ce* discours commencé
quam si stet	que si elle se tenait-debout
silex dura	roche dure
aut cautes Marpesia.	ou bloc-de-marbre de-Paros.
Tandem sese corripuit	Enfin elle se déroba-rapidement
atque refugit inimica	et se réfugia irritée
in nemus umbriferum,	dans la forêt ombreuse,
ubi pristinus conjux,	où *son* ancien (premier) époux,
Sichæus,	Sichée,
respondet curis illi	répond aux soucis à elle (à sa tendresse)
æquatque amorem.	et égale *son* amour (la paye de retour).
Nec minus Æneas,	Et non moins (néanmoins) Énée,
percussus casu iniquo,	frappé (touché) de *son* malheur cruel,
prosequitur longe	*la* suit loin (longtemps)
lacrimans,	en pleurant,
et miseratur euntem.	et plaint *elle* qui s'en-va.
Inde molitur	De là il poursuit
iter datum ;	le chemin *qu'il lui est* accordé *de suivre ;*
jamque tenebant	et déjà ils tenaient (foulaient)
arva ultima	les champs derniers
quæ clari bello	que les *hommes* illustres dans la guerre
frequentant secreta.	peuplent séparés *des autres champs.*
Hic Tydeus occurrit illi,	Là Tydée se présente à lui (s'offre à ses
hic Parthenopæus,	là Parthénopée, [yeux,
inclytus armis,	célèbre par les armes,
et imago	et l'image
pallentis Adrasti :	du pâle Adraste :
hic Dardanidæ	là les Troyens [(chez les hommes)
fleti multum ad superos	pleurés beaucoup chez ceux d'en-haut
caducique bello.	et tombés dans la guerre.
Quos omnes cernens	Lesquels tous voyant
longo ordine,	sur une longue file,
ille ingemuit	celui-là (Énée) gémit
Glaucumque, Medontaque,	et sur Glaucus, et sur Médon,
Thersilochumque,	et sur Thersiloque,
tres Antenoridas,	*tous* trois fils-d'Anténor,
Polyphœtenque	et sur Polyphète
sacrum Cereri,	consacré à Cérès,
Idæumque tenentem	et sur Idée tenant (conduisant)

Idæumque[1], etiam currus, etiam arma tenentem.   485
Circumstant animæ dextra lævaque frequentes.
Nec vidisse semel satis est; juvat usque morari,
Et conferre gradum, et veniendi discere causas.
At Danaum proceres, Agamemnoniæque phalanges,
Ut videre virum fulgentiaque arma per umbras,   490
Ingenti trepidare metu : pars vertere terga,
Ceu quondam petiere rates; pars tollere vocem
Exiguam; inceptus clamor frustratur hiantes.

   Atque hic Priamiden laniatum corpore toto
Deiphobum[2] vidit, lacerum crudeliter ora,   495
Ora, manusque ambas, populataque tempora raptis
Auribus, et truncas inhonesto vulnere nares.
Vix adeo agnovit pavitantem, ac dira tegentem[3]
Supplicia, et notis compellat vocibus ultro :
« Deiphobe armipotens, genus alto a sanguine Teucri,   500
Quis tam crudeles optavit sumere pœnas?

ces ombres, l'ayant reconnu, s'assemblent autour de lui : ce n'est
point assez de le voir une fois; elles ne peuvent le quitter, le sui-
vent toujours, et veulent savoir les motifs de son voyage. Mais les
chefs des Grecs et les soldats d'Agamemnon, à la vue du héros et
de ses armes, qui brillent dans l'obscurité, sont saisis d'épouvante.
Les uns prennent la fuite, comme autrefois ils regagnaient leurs
vaisseaux; les autres veulent crier, leur cri expire dans leur bouche,
et laisse à peine échapper un faible accent.

   Parmi ces ombres, Énée voit Déiphobe, l'un des fils de Priam,
le corps couvert de plaies, les deux mains coupées, le visage cruel-
lement déchiré, les oreilles arrachées de ses tempes, et le nez mu-
tilé par une affreuse blessure. Honteux et tremblant, il cachait son
ignominieuse difformité. Énée le reconnaît à peine, et lui dit d'une
voix qui lui fut connue : « Brave Déiphobe, digne rejeton de l'an-
tique Teucer! quel barbare a pu s'abandonner à de telles ven-

etiam currus,	encore un char,
etiam arma.	*tenant* encore des armes.
Animæ frequentes	Les âmes en-grand-nombre
circumstant	entourent *Énée*
dextra lævaque.	à droite et à gauche.
Nec est satis	Et *ce* n'est pas assez *pour elles*
vidisse semel :	de *l*'avoir vu une-fois :
juvat	il *leur* plaît
morari usque,	de *le* retarder sans-cesse,
et conferre gradum,	et de joindre leur marche *à la sienne*,
et discere	et d'apprendre
causas veniendi.	les causes de venir (de sa venue).
At proceres Danaum	Mais les chefs des Grecs
phalangesque Agamemno-	et les phalanges Agamemnoniennes,
ut videre virum [niæ,	dès qu'ils virent le héros
armaque fulgentia	et *ses* armes qui brillaient
per umbras,	à travers les ombres *de la nuit*,
trepidare	*se mirent à* trembler
ingenti metu :	d'une grande crainte :
pars vertere terga,	une partie *se mit à* tourner le dos,
ceu quondam	comme autrefois
petiere rates ;	ils gagnèrent *leurs* vaisseaux ;
pars tollere	une partie à pousser
vocem exiguam ;	une voix faible ;
clamor inceptus	le cri commencé
frustratur hiantes.	abuse *eux* qui ouvrent-la-bouche.
Atque vidit hic	Et *Énée* vit là
Deiphobum Priamiden	Déiphobé fils-de-Priam
laniatum toto corpore,	déchiré par tout le corps,
lacerum crudeliter ora,	mutilé cruellement au visage,
ora, ambasque manus,	au visage, et aux deux mains,
temporaque populata	et aux tempes ravagées
auribus raptis,	les oreilles étant enlevées,
et nares truncas	et au nez coupé
vulnere inhonesto.	par une blessure hideuse.
Vix adeo	A peine donc *Énée*
agnovit pavitantem	*le* reconnut tremblant
et tegentem	et cachant
supplicia dira,	*ses* plaies cruelles, [vants
et compellat ultro	et il (qu'il) *l*'interpelle en-prenant-les-de-
vocibus notis :	d'une voix connue :
Deiphobe armipotens,	Déiphobe puissant-par-les-armes,
genus a sanguine alto	race du sang élevé (noble)
Teucri,	de Teucer,
quis optavit	*qui est-ce* qui a désiré
sumere pœnas	tirer *de toi* (t'infliger) des peines
tam crudeles ?	si cruelles ?

Cui tantum de te licuit? Mihi fama suprema
Nocte tulit, fessum vasta te cæde Pelasgum,
Procubuisse super confusæ stragis acervum.
Tunc egomet tumulum Rhœteo [1] in littore inanem   505
Constitui, et magna manes ter voce vocavi.
Nomen et arma locum servant. Te, amice, nequivi
Conspicere, et patria decedens ponere terra. »
Ad quæ Priamides : « Nihil o tibi, amice, relictum;
Omnia Deiphobo solvisti et funeris [2] umbris :   510
Sed me fata mea et scelus exitiale Lacænæ
His mersere malis; illa hæc monumenta reliquit.
Namque ut supremam falsa inter gaudia noctem
Egerimus, nosti (et nimium meminisse necesse est!)
Quum fatalis equus saltu super ardua venit   515
Pergama, et armatum peditem gravis attulit alvo [3] :
Illa, chorum simulans, evantes [4] orgia circum
Ducebat Phrygias; flammam media ipsa tenebat
Ingentem, et summa Danaos ex arce vocabat.

geances? en quelles mains es-tu tombé? Dans cette nuit qui fut
pour nous la dernière, on m'avait dit qu'ayant fait un grand car-
nage des Grecs, tu étais demeuré étendu, las et sans vie, sur un
amas confus d'ennemis égorgés. Alors je t'élevai moi-même un tom-
beau sur le rivage de Rhétée, et j'appelai trois fois tes mânes à
haute voix. Je laissai des armes avec ton nom gravé sur ce monu-
ment. Mais je ne pus te trouver toi-même, cher ami, ni t'inhumer
avant mon départ dans le pays de nos aïeux. » — « Ami, reprit
Déiphobe, tu n'as rien oublié : tout ce qu'on doit aux morts, tu l'as
fait pour Déiphobe et pour son ombre malheureuse. C'est ma cruelle
destinée et l'horrible forfait de cette Lacédémonienne, qui m'ont
réduit en ce triste état. Voilà les gages qu'Hélène m'a laissés de sa
foi. Tu te souviens (et comment en perdre jamais la mémoire!) de
cette joie trompeuse où nous nous livrâmes, durant la dernière nuit
de Troie, lorsque le funeste cheval eut franchi nos superbes mu-
railles, portant dans ses flancs nos ennemis armés. La perfide, fei-
gnant de célébrer des danses, courait toute la ville à la tête de nos
Phrygiennes en Bacchantes ; et, parmi ces orgies, avec un énorme
flambeau qu'elle tenait à la main, elle appelait les Grecs du haut

Cui tantum licuit	A qui tant *de barbarie* a-t-il été permis
de te ?	sur toi ?
Fama tulit mihi	La Renommée a rapporté à moi
te, suprema nocte,	*que* toi, dans la dernière nuit,
fessum	fatigué
vasta cæde Pelasgum,	d'un vaste carnage de Grecs,
procubuisse super acervum	tu étais resté étendu sur un monceau
stragis confusæ.	de carnage entassé (cadavres accumulés).
Tunc egomet constitui	Alors moi-même j'ai élevé
tumulum inanem	un tombeau vide
in littore Rhœteo,	sur le rivage de-Rhétée,
et vocavi ter manes	et j'ai appelé trois-fois *tes* mânes
magna voce.	à grande (haute) voix.
Nomen et arma	*Ton* nom et *tes* armes
servant locum.	occupent *ce* lieu.
Nequivi conspicere te,	Je n'ai-pas-pu apercevoir toi,
amice, et decedens	ami, et en m'éloignant
ponere terra patria.	*te* déposer dans la terre paternelle.
Ad quæ Priamides :	A ces *paroles* le fils-de-Priam *répond* :
Nihil relictum tibi,	Rien n'*a été* laissé (omis) par toi,
o amice ;	ô *mon* ami ; [phobe
solvisti omnia Deiphobo	tu as acquitté tous *les devoirs* envers Déi-
et umbris funeris.	et envers l'ombre de *son* cadavre.
Sed mea fata	Mais mes destins
et scelus exitiale	et le crime funeste
Lacænæ	de la Lacédémonienne (Hélène)
mersere me his malis ;	ont plongé moi dans ces maux ;
illa reliquit	celle-là m'a laissé
hæc monumenta.	ces souvenirs.
Namque nosti	Car tu sais
ut egerimus	comment nous avons passé
supremam noctem	la dernière nuit
inter gaudia falsa,	au milieu des joies fausses (trompeuses),
— et est nimium necesse	— et il est trop nécessaire
meminisse ! —	de nous *en* souvenir ! —
quum equus fatalis	lorsque le cheval fatal
venit saltu	vint d'un saut
super Pergama ardua,	au-dessus de Pergame (Troie) élevée,
et gravis attulit alvo	et pesant (plein) apporta dans *son* ventre
peditem armatum.	le fantassin armé. [danses,
Illa, simulans chorum,	Celle-là (Hélène), simulant un chœur *de*
ducebat circum	conduisait tout-autour
Phrygias evantes orgia ;	les Phrygiennes célébrant les orgies ;
ipsa media tenebat	elle-même placée-au-milieu tenait *en main*
ingentem flammam,	une grande flamme (torche enflammée),
et vocabat Danaos	et appelait les Grecs
ex summa arce.	du haut-de la citadelle.

3.

Tum me confectum curis somnoque gravatum   520
Infelix habuit thalamus , pressitque jacentem
Dulcis et alta quies placidæque simillima morti.
Egregia [1] interea conjux arma omnia tectis
Emovet, et fidum capiti subduxerat ensem.
Intra tecta vocat Menelaum, et limina pandit: 525
Scilicet id magnum sperans fore munus amanti,
Et famam exstingui veterum sic posse malorum.
Quid moror? irrumpunt thalamo; comes additus una
Hortator scelerum Æolides [2]. Di, talia Graiis
Instaurate, pio si pœnas ore reposco!   530
Sed te qui vivum casus, age, fare vicissim
Attulerint: pelagine venis erroribus actus,
An monitu Divum? an quæ te fortuna fatigat,
Ut tristes sine sole domos, loca turbida, adires? »
  Hac vice sermonum roseis Aurora [3] quadrigis   535

de la citadelle. Pour moi, accablé de lassitude et de sommeil, je
m'étais jeté sur mon lit infortuné, et je goûtais un repos tranquille,
hélas! trop semblable à la mort. Cependant ma tendre épouse avait
retiré de ma maison toutes les armes, et surtout ma fidèle épée que
j'avais sous mon chevet. Alors elle fait venir Ménélas, et lui ouvre
mon appartement; croyant sans doute, par une utile trahison, rega-
gner le cœur de son premier époux, et lui faire oublier ses autres
crimes. Enfin ils entrent en foule, Ulysse avec eux, Ulysse! l'âme
de tous les forfaits. Dieux! si j'ai droit d'implorer votre vengeance,
renouvelez pour les Grecs de pareilles horreurs! Mais, toi-même,
parle; dis, à ton tour, quel hasard t'amène vivant dans ces lieux.
Est-ce le caprice des flots dont tu serais le jouet, est-ce l'ordre des
dieux, ou quelque situation pressante, qui te conduit dans ce séjour
de tristesse, que le soleil n'éclaira jamais? »
  Pendant ces entretiens, l'Aurore, sur son char brillant, avait

Tum infelix thalamus	Alors la funeste chambre-nuptiale
habuit me confectum curis	eut (reçut) moi accablé de soucis
gravatumque somno,	et appesanti par le sommeil,
quiesque dulcis et alta	et un repos doux et profond
simillimaque	et très-semblable
morti placidæ	à une mort paisible
pressit jacentem.	accabla *moi* couché.
Interea	Pendant-ce-temps-là
egregia conjux	*ma* bonne épouse
emovet omnia arma tectis,	éloigne toutes les armes de la maison,
et subduxerat capiti	et elle avait retiré-de-dessous *ma* tête
fidum ensem :	*ma* fidèle épée :
vocat intra tecta	elle appelle (introduit) dans la maison
Menelaum,	Ménélas,
et pandit limina :	et *lui* ouvre les portes :
scilicet sperans id fore	sans-doute espérant cela devoir être
magnum munus	un grand présent (service)
amanti,	pour *son époux* qui *l'*aimait,
et famam	et le *mauvais* renom
veterum malorum	de *ses* anciens méfaits
posse exstingui sic.	pouvoir être éteint ainsi.
Quid moror ?	*Mais* pourquoi retardé-je *mon récit ?*
Irrumpunt thalamo ;	Ils se précipitent dans la chambre ;
Æolides,	le-petit-fils-d'Éole,
hortator scelerum,	instigateur de crimes,
additus una	*est* ajouté ensemble (s'est joint à eux)
comes.	*comme* compagnon.
Di, instaurate talia	Dieux ! renouvelez de telles *horreurs*
Graiis !	pour les Grecs !
si reposco pœnas	si je demande *ces* peines (cette vengeance)
ore pio.	d'une bouche pieuse (juste).
Sed age, fare vicissim	Mais allons, dis à-*ton*-tour
qui casus attulerint	quels hasards (événements) ont amené *ici*
te vivum :	toi vivant :
venisne actus	est-ce-que tu viens poussé
erroribus	par les courses-incertaines
pelagi ?	de la mer ?
an monitu Divum ?	ou par l'avertissement des Dieux ?
an quæ fortuna	ou quelle fortune
fatigat te,	fatigue (poursuit) toi,
ut adires	pour que tu aies abordé
tristes domos sine sole,	les tristes demeures sans soleil,
loca turbida ?	lieux *toujours* sombres ?
Hac vice sermonum	Durant cette succession de discours
Aurora	l'Aurore
quadrigis roseis	avec *son* quadrige de-rose
jam trajecerat	avait déjà traversé

Jam medium æthereo cursu trajecerat axem :
Et fors omne datum traherent per talia tempus ;
Sed comes admonuit, breviterque affata Sibylla est :
« Nox ruit, Ænea; nos flendo ducimus horas.
Hic locus est partes ubi se via findit in ambas :   540
Dextera, quæ Ditis magni sub mœnia tendit,
Hac iter Elysium nobis; at læva malorum
Exercet pœnas, et ad impia Tartara mittit. »
Deiphobus contra : « Ne sævi, magna sacerdos,
Discedam, explebo numerum [1], reddarque tenebris.   545
I, decus, i, nostrum; melioribus utere fatis. »
Tantum effatus, et in verbo vestigia torsit.

Respicit Æneas subito, et sub rupe sinistra
Mœnia lata videt, triplici circumdata muro,
Quæ rapidus flammis ambit torrentibus amnis   550
Tartareus Phlegethon, torquetque sonantia saxa.
Porta adversa ingens, solidoque adamante [2] columnæ,
Vis ut nulla virum, non ipsi exscindere ferro

---

déjà franchi le milieu de sa carrière, et le temps marqué se serait
peut-être consumé en pareils discours; mais la Sibylle les interrom-
pit. « Énée, dit-elle, la nuit approche, et nous passons les moments
à gémir. Voici l'endroit où le chemin se partage; celui que tu vois à
droite conduit au palais du grand dieu des Enfers ; c'est la route de
l'Élysée : celui qui est à gauche mène au Tartare, séjour des mé-
chants, et théâtre de leurs justes supplices. » — « Grande prêtresse,
répliqua Déiphobe, ne te mets pas en courroux : je me retire. Je vais
rejoindre la foule des ombres et je me replonge dans les ténèbres.
Va, prince, l'honneur des Troyens! jouis d'un sort plus heureux. »
En disant ces mots, il s'éloigne.

Énée se retourne alors, et voit à gauche, au pied d'un roc, une
forteresse environnée d'une triple muraille, autour de laquelle le
rapide Phlégéthon roule avec fracas des torrents de flammes, à tra-
vers les débris de rochers qu'il entraîne. En face se présente la porte
de cet horrible lieu, large et soutenue de colonnes d'un acier si dur,
que ni le fer, ni les efforts des hommes, ni la puissance même des

cursu æthereo	dans *sa* course aérienne
medium **axem** :	le milieu-de l'axe (du ciel) :
et fors	et peut-être
traherent	ils passeraient (auraient passé)
per talia	dans de tels *entretiens*
omne tempus datum ;	tout le temps accordé ;
sed Sibylla comes	mais la Sibylle *sa* compagne
admonuit,	*l'*avertit,
affataque est breviter :	et *lui* parla brièvement *ainsi* :
Ænea, nox ruit,	Énée, la nuit tombe-vite,
nos ducimus horas flendo.	*et* nous passons les heures en pleurant.
Hic est locus ubi via	Ici est le lieu où la route
se findit in ambas partes :	se divise en deux parties :
dextera, quæ tendit	celle de-droite, qui se dirige
sub mœnia magni Ditis,	vers les murs du grand Pluton,
hac iter Elysium	par celle-là le chemin de-l'Élysée
nobis ;	*s'offre* à nous ;
at læva	mais celle de-gauche
exercet	exerce (mène aux lieux où s'exercent)
pœnas malorum,	les peines des méchants,
et mittit	et conduit
ad Tartara impia.	au Tartare impie.
Contra Deiphobus :	De-*son*-côté Déiphobe *dit* :
Ne sævi, magna sacerdos ;	Ne t'irrite pas, grande prêtresse ;
discedam,	je me retirerai,
explebo	je compléterai
numerum,	le nombre *des ombres*,
reddarque tenebris.	et je serai rendu aux ténèbres.
I, nostrum decus, i,	Va, notre gloire, va,
utere fatis melioribus.	sers-toi (jouis) de destins meilleurs.
Effatus tantum,	Il dit *cela* seulement,
et torsit vestigia	et il tourna *ses* pas (s'éloigna)
in verbo.	à *cette* parole.
Æneas respicit subito,	Énée regarde-derrière tout-à coup,
et videt sub rupe sinistra	et il voit sous une roche à-gauche
mœnia lata,	des remparts larges (spacieux),
circumdata triplici muro,	entourés d'un triple mur,
quæ Phlegethon,	que le Phlégéthon,
amnis rapidus Tartareus,	fleuve rapide du-Tartare,
ambit flammis torrentibus,	entoure de flammes brûlantes,
torquetque saxa sonantia.	et roule des rochers retentissants.
Porta adversa ingens,	La porte située-en-face *est* grande,
columnæque	et *ses* colonnes
adamante solido,	*sont* d'adamas solide (massif),
ut nulla vis virum,	de-sorte-que nulle force d'hommes,
non cœlicolæ ipsi	ni les habitants-du-ciel eux-mêmes
valeant exscindere ferro.	*ne* pourraient *la* renverser par le fer.

Cœlicolæ valeant : stat ferrea turris ad auras;
Tisiphoneque sedens, palla succincta cruenta,   555
Vestibulum exsomnis servat noctesque diesque.
Hinc exaudiri gemitus et sæva sonare
Verbera; tum stridor ferri, tractæque catenæ.
Constitit Æneas, strepitumque exterritus hausit.
« Quæ scelerum facies? o virgo, effare; quibusvc   560
Urgentur pœnis? quis tantus plangor ad auras ? »
Tum vates sic orsa loqui : « Dux inclyte Teucrum,
Nulli fas casto sceleratum insistere limen;
Sed me, quum lucis Hecate præfecit Avernis,
Ipsa Deum pœnas [1] docuit, perque omnia duxit.   565
Gnosius hæc Rhadamanthus [2] habet durissima regna ;
Castigatque auditque dolos, subigitque fateri
Quæ quis apud superos [3] furto lætatus inani
Distulit in seram commissa piacula [4] mortem.
Continuo sontes ultrix accincta flagello   570

dieux ne sauraient les renverser. Une tour de fer s'élève dans les airs; et Tisiphone, vêtue d'une robe ensanglantée, veille jour et nuit, assise à l'entrée de ce séjour. De là se font entendre les gémissements confondus avec le bruit des cruels coups de fouet, et des chaînes de fer que traînent les malheureux. Énée s'arrête, saisi d'horreur, et prête une oreille attentive. « Parle, dit-il, sainte prêtresse; quels forfaits punit-on dans ces lieux? quels tourments y endurent les coupables? d'où partent ces lamentables cris? » — « Illustre chef des Troyens, répondit-elle, nul homme juste ne peut entrer dans ce séjour de crimes. Mais lorsque la déesse Hécate me confia la garde des bois sacrés de l'Averne, elle-même m'instruisit des vengeances des dieux; elle-même me conduisit partout. C'est ici l'empire où Rhadamanthe exerce un pouvoir rigoureux, recherche les crimes et les punit, force les coupables d'avouer des forfaits qu'ils se réjouissaient d'avoir su dissimuler sur la terre, et dont ils remettaient l'expiation au moment tardif du trépas. Dès que l'arrêt est prononcé, la cruelle Tisiphone, armée d'un fouet vengeur, les frappe à coups redoublés, et insulte à leur douleur. De la main gauche,

Turris ferrea	Une tour de-fer
stat ad auras,	se dresse vers les airs,
Tisiphoneque sedens,	et Tisiphone assise,
succincta palla cruenta,	ceinte d'une robe sanglante,
servat exsomnis vestibulum	garde sans-dormir le vestibule
noctesque diesque.	et les jours et les nuits (nuit et jour).
Hinc gemitus	De là des gémissements
exaudiri,	*ne cessent d*'être entendus,
et verbera sæva sonare;	et les coups cruels *de* retentir;
tum stridor ferri,	puis *on entend* le grincement du fer,
catenæque tractæ.	et les chaînes traînées.
Æneas constitit,	Énée s'arrêta,
exterritusque	et épouvanté
hausit strepitum.	il aspira (écouta) le bruit.
Quæ facies	Quels aspects (quelles sortes)
scelerum?	de crimes *sont ici?*
o virgo, effare;	ô vierge, dis-*le-moi;*
quibusve pœnis urgentur?	ou de quelles peines sont-ils poursuivis?
Qui tantus plangor	Quel si-grand bruit-douloureux
ad auras?	*monte* vers les airs?
Tum vates	Alors la prophétesse
orsa loqui sic:	commença à parler ainsi:
Dux inclyte Teucrum,	Chef illustre des Troyens,
fas nulli casto	*il n'est* permis à nul homme pur
insistere limen sceleratum;	de s'avancer-sur *ce* seuil des-crimes;
sed Hecate ipsa,	mais Hécate elle-même,
quum præfecit me	lorsqu'elle préposa moi
lucis Avernis,	aux (à la garde des) bois de-l'Averne,
docuit pœnas	*m*'instruisit-sur les peines
Deum,	des Dieux (infligées par les Dieux),
duxitque per omnia.	et *me* conduisit par tous *ces lieux.*
Rhadamanthus Gnosius	Rhadamanthe de-Gnose (de Crète)
habet hæc regna durissima,	possède ce royaume très-dur,
castigatque auditque dolos,	et châtie et entend les fraudes,
subigitque fateri	et force d'avouer
piacula	les fautes-dignes-d'expiation
commissa	commises
apud superos,	chez ceux d'en-haut (les hommes),
quæ quis distulit	*et* que chacun différa *d'expier*
in mortem seram,	jusqu'à la mort tardive,
lætatus	s'étant réjoui *pendant la vie*
furto inani.	d'un secret vain.
Continuo Tisiphone ultrix	Aussitôt Tisiphone vengeresse
accincta flagello	armée d'un fouet
quatit sontes	frappe les coupables
insultans,	en *les* insultant,
intentansque sinistra	et *leur* présentant de la main-gauche

Tisiphone quatit insultans, torvosque sinistra
Intentans angues, vocat agmina sæva sororum. »
  Tum demum horrisono stridentes cardine sacræ
Panduntur portæ. « Cernis custodia[1] qualis
Vestibulo sedeat? facies quæ limina servet?   575
Quinquaginta atris immanis hiatibus Hydra
Sævior intus habet sedem : tum Tartarus ipse
Bis patet in præceps tantum, tenditque sub umbras,
Quantus ad æthereum cœli suspectus Olympum.
Hic genus antiquum Terræ, Titania pubes,   580
Fulmine dejecti, fundo volvuntur in imo.
Hic et Aloidas geminos[2], immania vidi
Corpora, qui manibus magnum rescindere cœlum
Aggressi, superisque Jovem detrudere regnis.
Vidi et crudeles dantem Salmonea[3] pœnas,   585
Dum flammas Jovis et sonitus imitatur Olympi :
Quattuor hic invectus equis et lampada quassans,
Per Graium populos mediæque per Elidis[4] urbem

elle leur présente ses horribles serpents, et appelle ses barbares
sœurs pour la seconder. »
  Tout à coup s'ouvrent, avec un bruit effroyable et en grinçant
sur leurs gonds, les portes sacrées. « Tu vois, dit la Sibylle, quelle
sentinelle est postée sous ce vestibule? quelle horrible figure en
défend l'accès? Au dedans est une hydre plus terrible encore, ar-
mée de cinquante gueules toujours béantes. Plus bas est le Tartare
lui-même, gouffre immense, qui s'enfonce deux fois autant sous
l'empire des ombres, que s'élève au-dessus de la terre la voûte étoi-
lée des cieux. Là sont les Titans, ces antiques enfants de la Terre,
qui, précipités par la foudre, roulent à jamais dans des abîmes sans
fond. Là j'ai vu les deux fils d'Aloéüs, ces géants énormes qui de
leurs mains tentèrent d'ébranler l'Olympe et de chasser Jupiter de
l'empire des cieux. J'ai vu l'impie Salmonée cruellement châtié pour
avoir tenté d'imiter le tonnerre et les feux vengeurs de Jupiter.
Agitant dans ses mains une torche enflammée et traîné sur un char
à quatre chevaux, il s'en allait triomphant à travers la ville d'Élis,

angues torvos,	des serpents aux-regards-affreux,
vocat	elle appelle
agmina sæva sororum.	la troupe cruelle de *ses* sœurs.
Tum demum portæ sacræ	Alors enfin les portes sacrées
stridentes	grinçant
cardine horrisono	sur *leur* gond au-son-horrible
panduntur.	sont ouvertes.
Cernis qualis custodia	Tu vois quelle garde
sedeat vestibulo?	est assise (placée) au vestibule ?
quæ facies	quelle figure
servet limina ?	garde les seuils (les portes) ?
Hydra sævior,	Une hydre plus cruelle *encore*,
immanis	horrible
quinquaginta hiatibus a-	par cinquante gueules-béantes affreuses
habet sedem intus : [tris,	a *sa* demeure au dedans ·
tum Tartarus ipse	ensuite le Tartare lui-même
patet in præceps,	s'ouvre en précipice
tenditque sub umbras,	et s'enfonce sous les ombres,
bis tantum	deux-fois autant
quantus suspectus cœli	que la vue-en-haut du ciel
ad Olympum æthereum.	*s'étend de la terre* vers l'Olympe éthéré
Hic genus antiquum	Ici la race antique
terræ,	de la terre,
pubes Titania	la jeunesse titanienne (les Titans)
dejecti fulmine	renversés par la foudre
volvuntur in fundo imo.	sont roulés dans le fond le plus bas.
Hic et vidi	Ici j'ai vu
geminos Aloidas,	les deux fils-d'Aloéüs,
corpora immania,	corps énormes,
qui aggressi	qui entreprirent
rescindere manibus	de briser de *leurs* mains
magnum cœlum,	le grand ciel,
detrudereque Jovem	et de pousser-en-bas Jupiter
regnis superis.	*du haut* des royaumes supérieurs.
Vidi et Salmonea	J'ai vu aussi Salmonée
dantem pœnas crudeles,	donnant (subissant) des peines cruelles,
dum	tandis que (parce que)
imitatur	il imite (il avait imité)
flammas Jovis	les flammes (la foudre) de Jupiter
et sonitus Olympi.	et le bruit de l'Olympe.
Hic invectus	Celui-ci voituré (traîné)
quatuor equis	par quatre chevaux
et quassans lampada	et secouant une torche
ibat ovans,	allait, triomphant,
per populos Graium	à travers les peuples des Grecs
perque urbem	et par la ville
Elidis mediæ	d'Élis mitoyenne (au milieu)

Ibat ovans, Divumque sibi poscebat honorem :
Demens! qui nimbos et non imitabile fulmen   590
Ære et cornipedum pulsu simularat equorum.
At pater omnipotens densa inter nubila telum
Contorsit (non ille faces, nec fumea tædis
Lumina), præcipitemque immani turbine adegit.
Necnon et Tityon[1], Terræ omniparentis alumnum,   595
Cernere erat; per tota novem cui jugera corpus
Porrigitur, rostroque immanis vultur obunco
Immortale jecur tondens, fecundaque pœnis
Viscera, rimaturque epulis, habitatque sub alto
Pectore; nec fibris requies datur ulla renatis.   600
    « Quid memorem Lapithas, Ixiona, Pirithoumque[2],
Quos super atra silex jamjam lapsura cadentique
Imminet assimilis? Lucent genialibus altis
Aurea fulcra toris, epulæque ante ora paratæ
Regifico luxu : Furiarum maxima juxta   605
Accubat, et manibus prohibet contingere mensas,

aux yeux des peuples de la Grèce, et disputait aux dieux l'hommage
et l'encens des mortels. Insensé! qui croyait, en poussant sur un
pont d'airain son char retentissant, imiter le fracas des orages et le
tonnerre inimitable! Mais le puissant père des dieux, du sein des
nues embrasées, lança contre cet audacieux, non pas de vains éclairs,
ni les feux pâlissants d'une torche, mais la foudre véritable qui le
précipita dans les gouffres du Tartare. J'y voyais aussi Tityer enfant
de la terre qui produit tout ; géant monstrueux dont le corps étendu
couvre neuf arpents tout entiers. Un énorme vautour vit au sein de
sa vaste poitrine, et d'un bec cruel aiguisé par la faim, lui déchire
le foie et les entrailles, s'en nourrit sans les consumer, et ne laisse
aucun relâche à ses chairs, éternel aliment à d'éternelles morsures,
toujours renaissantes, toujours fécondes pour son supplice.
    « A quoi bon te parler de ces fameux Lapithes, Ixion et Piri-
thoüs? Un rocher, suspendu sur leur tête, semble toujours prêt à
tomber, et à les écraser de sa chute. Couchés sur des lits superbes
et somptueux, ils ont devant les yeux des tables servies avec ma-
gnificence : mais la reine des Furies est assise à leurs côtés; et, dès
qu'ils osent porter la main sur ces mets délicieux, armée de son flam-

poscebatque sibi	et demandait pour lui *mortel*
honorem divum :	l'honneur des Dieux (les honneurs divins) :
demens! qui simularat ære	insensé! qui imitait avec l'airain
et pulsu	et par le piétinement
equorum cornipedum	des chevaux-aux-pieds de-corne
nimbos	les nuées *chargées d'orage*,
et fulmen non imitabile.	et la foudre non imitable.
At pater omnipotens	Mais *Jupiter* le père tout-puissant
contorsit telum	darda un trait
inter nubila densa	entre les nuages épais
(ille non faces	(celui-ci ne *lança pas* des brandons
nec lumina fumea tædis)	ni des lumières fumeuses avec des torches)
adegitque præcipitem	et poussa *Salmonée* précipité
turbine	au moyen d'un tourbillon
immani.	immense *de flammes*.
Necnon erat cernere et	Et il y avait à voir aussi
Tityon, alumnum	Tityus, élève (fils)
terræ omniparentis.	de la terre qui-produit-tout.
Cui corpus	Auquel le corps (le corps duquel)
porrigitur	est étendu
per novem jugera tota,	par (sur) neuf arpents tout-entiers,
vulturque immanis	et un vautour énorme
tondens rostro obunco	rongeant avec *son* bec crochu
jecur immortale	*son* foie immortel
visceraque fœcunda pœnis,	et *ses* entrailles fécondes pour les peines,
rimaturque epulis,	et *les* déchire pour *ses* repas,
habitatque	et habite
sub pectore alto,	sous *sa* poitrine profonde,
nec ulla requies datur	et aucun repos n'est donné
fibris renatis.	à *ses* fibres qui renaissent *sans fin*.
Quid memorem Lapithas	Pourquoi rappellerais-je les Lapithes,
Ixiona, Pirithoumque	Ixion et Pirithoüs
super quos imminet	sur lesquels est suspendu
silex atra	un rocher noir
jamjam lapsura	déjà devant tomber (près de tomber)
assimilisque cadenti ?	et semblable à un *rocher en effet* tombant ?
Fulcra aurea lucent	Des colonnes d'-or brillent
altis toris	autour de hauts lits
genialibus,	invitant-à-la-volupté,
epulæque paratæ	et des repas *sont* préparés
ante ora	devant leur visage
luxu regifico.	avec un luxe royal.
Maxima furiarum	La plus grande des furies
accubat juxta,	est couchée auprès,
et prohibet contingere	et *les* empêche de toucher
mensas manibus,	les tables de *leurs* mains,
exsurgitque	et se lève

Exsurgitque facem attollens, atque intonat ore.
Hic, quibus invisi fratres, dum vita manebat,
Pulsatusve parens, aut fraus innexa clienti ;
Aut qui divitiis soli incubuere repertis,   610
Nec partem posuere suis, quæ maxima turba est ;
Quique ob adulterium cæsi, quique arma secuti
Impia, nec veriti dominorum fallere dextras [1]:
Inclusi pœnam exspectant. Ne quære doceri
Quam pœnam, aut quæ forma viros fortunave [2] mersit :   615
Saxum ingens volvunt alii, radiisve rotarum
Districti pendent ; sedet, æternumque sedebit
Infelix Theseus [3] ; Phlegyasque [4] miserrimus omnes
Admonet, et magna testatur voce per umbras :
« Discite justitiam moniti, et non temnere Divos. »   620
Vendidit hic auro patriam, dominumque potentem
Imposuit ; fixit leges pretio, atque refixit [5] ;

beau menaçant, elle les arrête et les épouvante de sa voix terrible.
Là sont ceux qui, pendant leur vie, ont haï leurs frères, maltraité
leur père, ou trahi les intérêts d'un client ; les avares, troupe in-
nombrable, qui ont entassé des trésors pour eux seuls, et n'en ont
point fait part à leur proches ; les adultères, poignardés pour leurs
crimes ; ceux qui ont trempé dans des guerres impies, ou qui n'ont
pas craint de se soustraire à la main d'un maître : tous enfermés
dans ces lieux attendent leur supplice. Ne me demande point quel
est le supplice, quel est le sort des coupables, et dans quel genre de
malheurs ils sont plongés. Les uns roulent une pierre énorme ; les
autres sont liés et suspendus aux rayons d'une roue en mouvement.
L'infortuné Thésée est assis et le sera éternellement ; et (dans son
malheur extrême) Phlégyas donne une leçon aux impies, et crie
sans cesse, dans ce séjour de ténèbres : « Apprenez par mon exemple
à respecter la justice, et à ne pas vous attaquer aux Dieux ! » Celui-ci
a vendu sa patrie et l'a soumise à un tyran : celui-là, pour faire et
pour abroger des lois n'a consulté que son avarice. Ce père inces-

attollens facem,	portant-haut une torche,
atque intonat ore.	et tonne avec *sa* bouche.
Hic, quibus	Ici *ceux* auxquels
fratres invisi	*leurs* frères *furent* odieux
dum vita manebat,	pendant que la vie *leur* restait,
parensve pulsatus,	ou *par qui* un père *fut* frappé,
aut fraus	ou *par qui* la fraude
innexa clienti ;	*fut* tramée contre un client ;
aut qui soli	ou qui seuls (sans partager)
incubuere divitiis repertis,	se vautrèrent sur *leurs* richesses acquises,
nec posuere partem	et n'*en* offrirent pas une partie
suis,	à leurs *proches*,
quæ turba est maxima,	laquelle multitude est très-grande,
quique cæsi	et ceux qui furent tués
ob adulterium,	pour un adultère,
quique secuti	et ceux qui suivirent
arma impia,	des armes (guerres) impies,
nec veriti fallere	et ne craignirent pas de tromper
dextras	les mains-droites (la fidélité jurée)
dominorum,	de (à) *leurs* maîtres,
inclusi	*tous ceux-là* enfermés
exspectant pœnam.	attendent *leur* châtiment.
Ne quære doceri	Ne cherche pas à être instruit
quam pœnam,	quelle peine *ils subissent*,
aut quæ forma	ou quelle espèce *de supplice*
fortunave	ou *quel* lot
mersit viros.	a plongé *ces* hommes *dans les douleurs.*
Alii volvunt	Les uns roulent
saxum ingens,	un rocher énorme,
districtive	ou étendus
pendent	sont suspendus
radiis rotarum.	aux rayons de roues.
Infelix Theseus sedet	L'infortuné Thésée est assis
sedebitque æternum ;	et sera assis éternellement ;
Phlegyasque miserrimus	et Phlégyas très-malheureux
admonet omnes,	avertit tous *ceux qui l'écoutent*,
et testatur magna voce	et proclame à haute voix
per umbras :	au milieu des ténèbres :
Moniti	Avertis *par mon exemple*
discite justitiam	apprenez la justice
et non temnere divos.	et à ne pas mépriser les dieux.
Hic vendidit patriam	Celui-ci vendit *sa* patrie
auro,	pour de l'or,
imposuitque	et *lui* imposa
dominum potentem ;	un maître puissant (un tyran) ;
fixit leges pretio,	il afficha des lois à prix *d'argent*,
atque refixit ;	et *les* détacha (arracha les affiches) ;

Hic thalamum invasit natæ vetitosque hymenæos :
Ausi omnes immane nefas, ausoque potiti.
Non, mihi si linguæ centum sint oraque centum,   625
Ferrea vox, omnes scelerum comprendere formas,
Omnia pœnarum percurrere nomina possim. »
    Hæc ubi dicta dedit Phœbi longæva sacerdos,
« Sed jam age, carpe viam et susceptum perfice munus,
Acceleremus, ait; Cyclopum educta caminis   630
Mœnia conspicio, atque adverso fornice portas,
Hæc ubi nos præcepta jubent deponere dona. »
Dixerat; et pariter, gressi per opaca viarum,
Corripiunt spatium medium foribusque propinquant.
Occupat Æneas aditum, corpusque recenti   635
Spargit aqua, ramumque adverso in limine figit.
    His demum exactis, perfecto munere Divæ,
Devenere locos lætos et amœna vireta
Fortunatorum nemorum, sedesque beatas.

tueux est entré dans le lit de sa propre fille. Tous ont médité d'horribles forfaits, et les ont exécutés. Quand j'aurais cent bouches, cent langues, une voix de fer, je ne pourrais te nommer tous les crimes, ni te décrire tous les supplices dont on les punit.

« Mais il est temps, continue l'antique prêtresse d'Apollon; avance, acquitte-toi de ce que tu dois à Proserpine : hâtons-nous. J'aperçois les murs forgés dans les antres des Cyclopes; j'en découvre les portes vis-à-vis de nous : c'est sous cette voûte que la loi nous ordonne de déposer notre offrande. » Elle dit; et ils s'avancent ensemble à travers d'épais ombrages, ils franchissent rapidement l'intervalle et arrivent bientôt au palais de Pluton; Énée entre sous les portiques sacrés, répand sur lui une onde fraîche et suspend à la porte le rameau mystérieux.

Ce devoir étant rempli, la Déesse étant satisfaite, ils arrivent dans des vergers délicieux, dans des bosquets fortunés, séjour de la joie et

hic invasit	celui-ci envahit
thalamum natæ	le lit de *sa* fille
hymenæosque vetitos :	et un hymen défendu :
omnes ausi	tous ont osé
immane nefas,	*quelque* énorme crime,
potitique auso.	et ont joui du *crime* osé.
Si centum linguæ	Si cent langues
sint mihi,	étaient à moi,
centumque ora,	et cent bouches,
vox ferrea,	*et* une voix de-fer,
non possim comprendere	je ne pourrais pas embrasser
omnes formas scelerum,	tous les genres de crimes,
percurrere	*et* parcourir
omnia nomina pœnarum.	tous les noms des châtiments.
Ubi longæva sacerdos	Dès que la vieille prêtresse
Phœbi	de Phébus
dedit hæc dicta,	eut donné (prononcé) ces paroles,
ait : Sed jam age,	elle dit : Mais maintenant allons,
carpe viam,	prends (poursuis) la route,
et perfice	et accomplis
munus susceptum,	l'hommage entrepris,
acceleremus ;	hâtons-nous ;
conspicio mœnia	j'aperçois les murs
educta caminis	sortis des fournaises
Cyclopum,	des Cyclopes,
atque fornice adversa	et sous la voûte en-face
portas,	les portes,
ubi præcepta jubent nos	où les prescriptions ordonnent à nous
deponere hæc dona.	de déposer ces présents.
Dixerat ;	Elle avait dit ;
et gressi pariter	et s'étant avancés également (ensemble)
per opaca viarum,	à travers les *lieux* ténébreux des routes,
corripiunt	ils parcourent-rapidement
spatium medium,	l'espace mitoyen,
propinquantque foribus.	et approchent des portes.
Æneas occupat aditum,	Énée occupe l'entrée,
spargitque corpus	et arrose *son* corps
aqua recenti,	avec une eau fraîche,
figitque ramum	et attache le rameau
in limine adverso.	sur le seuil situé-en-face.
His demum exactis,	Ces choses enfin étant achevées,
munere divæ	*et* le devoir de (envers) la déesse
perfecto,	étant accompli,
devenere locos lætos	ils arrivèrent aux lieux joyeux (riants)
et vireta amœna	et aux verdures agréables
nemorum fortunatorum,	des bois fortunés,
sedesque beatas.	et aux demeures heureuses.

Largior hic campos æther[1] et lumine vestit   640
Purpureo[2], solemque suum, sua sidera norunt.
Pars in gramineis exercent membra palæstris ;
Contendunt ludo, et fulva luctantur arena ;
Pars pedibus plaudunt choreas, et carmina dicunt.
Necnon Threicius longa cum veste sacerdos[3]   645
Obloquitur numeris septem discrimina vocum ;
Jamque eadem digitis, jam pectine pulsat eburno.
Hic genus antiquum Teucri, pulcherrima proles,
Magnanimi heroes, nati melioribus annis,
Ilusque, Assaracusque, et Trojæ Dardanus auctor[4].   650
Arma procul currusque virum miratur inanes ;
Stant terra defixæ hastæ, passimque soluti
Per campos pascuntur equi : quæ gratia currum
Armorumque fuit vivis, quæ cura nitentes
Pascere equos, eadem sequitur tellure repostos.   655
Conspicit ecce alios dextra lævaque per herbam
Vescentes, lætumque choro Pæana[5] canentes,

du bonheur. Un air plus pur remplit ces campagnes, et les colore de la plus douce lumière ; les ombres qui les habitent ont aussi leur soleil et leurs étoiles. Les uns se plaisent aux exercices du corps, et se livrent d'agréables combats sur un champ de verdure, ou luttent ensemble sur le sable ; d'autres forment des chœurs de danses, et répètent des vers. Le chantre sacré de la Thrace, vêtu d'une longue robe, fait parler, dans ses airs harmonieux, les sept tons de sa lyre, qu'il touche tantôt d'un doigt léger, tantôt avec le dé d'ivoire. Là sont les descendants de l'antique Teucer, Ilus, Assaracus et Dardanus, fondateurs de Troie : suite brillante de héros magnanimes, nés dans des temps plus heureux. Énée surpris , voit de loin des armes, des chars vides, des lances plantées en terre, des coursiers détachés, et paissant librement dans la plaine. Le goût que ces guerriers ont eu pendant leur vie pour les chars, pour les armes, pour les chevaux, ils le conservent encore dans le sein de la terre. Énée voit à droite et à gauche d'autres ombres, qui prennent leur repas sur le gazon, et chantent des hymnes joyeux en l'honneur d'Apollon,

Hic et æther largior	Là et un air plus abondant
vestit campos	revêt les champs
lumine purpureo ;	d'une lumière de pourpre (brillante) ;
noruntque	et *les habitants* connaissent
suum solem, sua sidera.	*leur* soleil *et* leurs astres.
Pars exercent membra	Une partie exercent *leurs* membres
in palæstris gramineis ;	sur des palestres de-gazon ;
contendunt ludo,	ils disputent par le jeu (le prix des jeux),
et luctantur arena fulva ;	et luttent sur le sable blond (doré) ;
pars plaudunt pedibus	une partie frappent (marquent) des pieds
choreas,	des chœurs-de-danse,
et dicunt carmina.	et récitent des vers.
Necnon sacerdos Threicius	Et-aussi le prêtre de-Thrace
cum longa veste	avec un long vêtement
obloquitur numeris	fait-parler (résonner) avec *ses* chants
septem discrimina	les sept différences *de tons*
vocum,	des voix (des cordes),
jamque pulsat eadem	et tantôt il frappe les mêmes *cordes*
digitis,	avec *ses* doigts,
jam pectine eburno.	*et* tantôt avec le dé d'-ivoire.
Hic antiquum genus	Ici *est* l'antique descendance
Teucri,	de Teucer,
proles pulcherrima,	race très-belle,
heroes magnanimi,	héros magnanimes,
nati melioribus annis,	nés en de meilleures années (temps).
Ilusque, Assaracusque,	et Ilus et Assaracus,
et Dardanus,	et Dardanus
auctor Trojæ.	le fondateur de Troie.
Miratur procul	Il (Énée) regarde-avec-étonnement de loin
arma,	des armes,
currusque virum inanes.	et les chars de *ces* héros vides.
Hastæ stant defixæ terra,	Des lances sont-debout fichées en terre,
equique soluti	et des chevaux non-attachés
pascuntur passim	paissent çà-et-là
per campos.	à travers champs.
Gratia currum	Le goût (la passion) des chars
armorumque,	et des armes,
quæ fuit vivis,	qui fut à *eux* (qui les posséda) vivants,
cura pascere	le soin de faire-paître
equos nitentes, quæ,	des chevaux brillants, qui *les occupa*,
eadem sequitur	*ce* même *goût les* suit
repostos tellure	déposés en terre (morts).
Ecce conspicit	Voilà qu'il aperçoit
dextra lævaque	à droite et à gauche
alios vescentes per herbam,	d'autres *morts* mangeant sur l'herbe,
canentesque choro	et chantant en chœur
pæana lætum,	un hymne joyeux,

Inter odoratum lauri nemus, unde superne
Plurimus Eridani per silvam volvitur amnis [1].
Hic manus, ob patriam pugnando vulnera passi; 660
Quique sacerdotes casti, dum vita manebat;
Quique pii vates, et Phœbo digna locuti;
Inventas aut qui vitam excoluere per artes;
Quique sui memores alios fecere merendo:
Omnibus his nivea cinguntur tempora vitta. 665
  Quos circumfusos sic est affata Sibylla,
Musæum [2] ante omnes; medium nam plurima turba
Hunc habet, atque humeris exstantem suspicit altis:
« Dicite, felices animæ, tuque, optime vates,
Quæ regio Anchisen, quis habet locus? illius ergo 670
Venimus et magnos Erebi tranavimus amnes. »
Atque huic responsum paucis ita reddidit heros:
« Nulli certa domus; lucis habitamus opacis,
Riparumque toros et prata recentia rivis
Incolimus: sed vos, si fert ita corde voluntas, 675

à l'ombre d'un bois de lauriers odoriférants, où l'Eridan, après sa
chute, commence à rouler pompeusement ses eaux à travers la forêt.
Là sont les guerriers qui ont versé leur sang pour la patrie; les
prêtres dont la vie fut chaste et vertueuse; les poëtes religieux qui
chantèrent des vers dignes de Phébus; ceux qui enrichirent la so
ciété par la découverte des arts; ceux enfin dont les bienfaits ont
mérité le souvenir des hommes: tous ont le front ceint d'un bandeau
d'une blancheur éclatante.

Arrivée au milieu d'eux, la Sibylle leur parle ainsi, en s'adressant
à Musée, qu'à sa taille majestueuse on distingue aisément parmi
cette foule d'ombres rassemblées autour de lui: « Dites-nous, âmes
fortunées, et toi, chantre divin, dans quelle contrée, dans quel en
droit Anchise fait-il son séjour? C'est pour lui que nous sommes
venus, et que nous avons franchi les grands fleuves de l'Érèbe. »
Musée répondit en peu de mots: « Nous n'avons point, ici-bas, de
séjour fixe; nous habitons à l'ombre des forêts. Le gazon de ces
rives, ces prés rafraîchis de mille ruisseaux, voilà nos retraites ordi-
naires. Mais si vous le voulez, montez sur cette hauteur, et je vous

inter nemus odoratum lauri,	au milieu d'un bois odorant de laurier,
unde amnis plurimus Eridani	d'où le fleuve abondant de l'Éridan
volvitur superne per silvam.	roule de haut à travers la forêt.
Hic manus,	Ici est la troupe *de ceux*
passi vulnera	qui souffrirent (reçurent) des blessures
pugnando ob patriam;	en combattant pour la patrie;
quique sacerdotes casti,	et *ceux* qui *furent* des prêtres chastes,
dum vita manebat;	tandis que la vie *leur* restait;
quique vates pii,	et *ceux* qui *furent* des poëtes pieux,
et locuti	et qui prononcèrent (chantèrent)
digna Phœbo;	des *vers* dignes de Phébus;
aut qui	ou *ceux* qui [hommes)
excoluere vitam	perfectionnèrent la vie (civilisèrent les
per artes inventas,	par des arts inventés,
quique merendo	et qui en-méritant-bien (par des services)
fecere alios	firent (rendirent) les autres *hommes*
memores sui.	se-ressouvenant d'eux (reconnaissants).
Tempora cinguntur	Les tempes sont ceintes
omnibus his	à tous ceux-ci
vitta nivea.	d'une bandelette blanche-comme-la-neige
Sibylla affata est sic	La Sibylle apostropha ainsi
quos circumfusos,	eux répandus-autour *d'elle*,
Musæum ante omnes,	*et* Musée avant tous,
nam turba plurima	car la foule la plus nombreuse
habet hunc medium,	tient celui-ci au milieu *d'elle*,
atque suspicit	et regarde-en-levant-la-tête
exstantem	*Musée* qui *les* dépasse *tous*
humeris altis:	de *ses* épaules élevées:
Dicite, animæ felices,	Dites-*moi*, âmes fortunées,
tuque, optime vates,	et toi, très-vertueux poëte,
quæ regio, quis locus	quelle région, quel lieu
habet Anchisen?	possède Anchise?
Venimus ergo illius,	Nous sommes venus *ici* à cause de lui,
et tranavimus	et nous avons traversé *pour le voir*
magnos amnes Erebi.	les grands fleuves de l'Érèbe.
Atque heros reddidit ita	Et le héros (Musée) rendit ainsi
paucis responsum huic:	en peu *de mots* réponse à elle:
Domus certa nulli;	Un séjour fixe *n'est* à aucun *de nous*;
habitamus lucis opacis,	nous demeurons dans des bois épais,
incolimusque	et nous habitons
toros riparum	les parties-élevées des rives
et prata	et des prés
recentia rivis.	rafraîchis par des ruisseaux.
Sed vos,	Mais vous,

Hoc superate jugum, et facili jam tramite sistam. »
Dixit, et ante tulit gressum, camposque nitentes
Desuper ostentat; dehinc summa cacumina linquunt.
    At pater Anchises penitus convalle virenti
Inclusas animas, superumque ad lumen ituras,   680
Lustrabat studio recolens, omnemque suorum
Forte recensebat numerum, carosque nepotes,
Fataque, fortunasque virum, moresque, manusque [1].
Isque ubi tendentem adversum per gramina vidit
Ænean, alacris palmas utrasque tetendit;   685
Effusæque genis lacrimæ, et vox excidit ore :
« Venisti tandem, tuaque spectata parenti
Vicit iter durum pietas! datur ora tueri,
Nate, tua, et notas audire et reddere voces!
Sic equidem ducebam animo, rebarque futurum,   690
Tempora dinumerans; nec me mea cura fefellit.
Quas ego te terras et quanta per æquora vectum
Accipio! quantis jactatum, nate, periclis!

mettrai dans un chemin qui vous conduira sans vous égarer. » Il
dit; et, marchant devant eux, il leur montre, du haut de l'éminence,
une plaine riante : ils y descendent aussitôt.

    Anchise considérait alors, avec un vif intérêt, des ombres enfer-
mées au fond d'un vallon fleuri; c'étaient des âmes destinées à
retourner au séjour des vivants : il y parcourait des yeux toute la
suite des siens, sa chère postérité, leurs destins, leurs fortunes di-
verses, leurs vertus et leurs exploits. Dès qu'il aperçoit Énée, qui
vient à lui à travers la prairie, il lui tend les bras avec transport,
et, versant des larmes de joie, il lui dit avec vivacité : « Tu viens
enfin, mon fils; un voyage si pénible n'a point effrayé cette piété
dont tu as donné tant de preuves à ton père! je puis donc encore
te voir, t'entendre et te parler! Il est vrai, je pressentais ton arri-
vée; je jugeais; en calculant les temps, que ce bonheur n'était pas
loin; je ne me suis point trompé. Que de terres, que de mers il t'a
fallu parcourir, mon fils! que de périls tu as eus à essuyer, jusqu'à
ce moment où je te revois! et que j'ai craint pour toi le séjour de la

si voluntas	si *votre* volonté
fert ita corde,	*le* porte ainsi dans *votre* cœur,
superate hoc jugum,	franchissez cette éminence,
et sistam jam	et je *vous* mettrai bientôt
tramite facili.	dans un sentier facile.
Dixit, et tulit gressum ante,	Il dit, et porta *ses* pas devant *eux*,
ostentatque desuper	et il *leur* montre de dessus *l'éminence*
campos nitentes ;	des plaines brillantes (riantes) ;
dehinc linquunt	ensuite ils quittent
summa cacumina.	les hauts sommets.
At pater Anchises	Cependant le père Anchise
lustrabat studio	passait-en-revue *alors* avec amour,
recolens	cherchant-à-*les*-reconnaître,
animas inclusas penitus	des âmes renfermées au fond
convalle virenti,	dans une (d'une) vallée verdoyante,
iturasque	et devant aller
ad lumen superum,	vers la lumière d'en-haut,
forteque recensebat	et par hasard il recensait
omnem numerum suorum,	tout le nombre des siens,
carosque nepotes,	et *ses* chers petits-fils,
fataque	et les destins
fortunasque virum,	et les fortunes de *ces* hommes,
moresque, manusque.	et *leurs* mœurs, et *leurs* bras (travaux).
Ubique is vidit Ænean	Et dès que celui-ci vit Énée
tendentem adversum	se dirigeant en-face *de lui*
per gramina,	à travers les gazons,
alacris tetendit	joyeux il *lui* tendit
utrasque palmas,	les deux mains,
lacrimæque effusæ genis,	et des larmes *furent* répandues sur *ses* joues,
et vox excidit ore :	et *cette* parole tomba de sa bouche :
Venisti tandem,	Tu es venu enfin,
tuaque pietas,	et ta piété *filiale*,
spectata parenti,	éprouvée de *ton* père,
vicit durum iter !	a vaincu (accompli) *ce* rude chemin !
Datur tueri tua ora,	Il *m*'est donné de voir ton visage,
nate, et audire	*ô mon* fils, et d'entendre [connue !
et reddere voces notas !	et de rendre (faire entendre) une voix
Equidem	A la vérité
dinumerans tempora	comptant les temps *écoulés*
ducebam animo	je jugeais dans *mon* esprit
rebarque futurum sic,	et je croyais qu'il en serait ainsi,
et mea cura non fefellit me.	et mon calcul n'a pas trompé moi.
Per quas terras,	A travers quelles terres,
et quanta æquora,	et quelles-vastes mers,
ego accipio te vectum !	je reçois toi porté !
quantis periclis jactatum,	par quels-grands périls ballotté,
nate !	*ô mon* fils !

Quam metui ne quid Libyæ tibi regna nocerent! »

Ille autem : « Tua me, genitor, tua tristis imago   695

Sæpius occurrens, hæc limina tendere adegit.

Stant sale Tyrrheno classes. Da jungere dextram [1],

Da, genitor, teque amplexu ne subtrahe nostro. »

Sic memorans, largo fletu simul ora rigabat.

Ter conatus ibi collo dare brachia circum ;   700

Ter frustra comprensa manus effugit imago ,

Par levibus ventis volucrique simillima somno.

 Interea videt Æneas in valle reducta

Seclusum nemus, et virgulta sonantia silvis ,

Lethæumque , domos placidas qui prænatat, amnem. 705

Hunc circum innumeræ gentes populique volabant,

Ac veluti in pratis, ubi apes æstate serena

Floribus insidunt variis , et candida circum

Lilia funduntur, strepit omnis murmure campus.

Horrescit visu subito, causasque requirit   710

Inscius Æneas, quæ sint ea flumina porro [2].

Libye ! » — « C'est toi-même, ô mon père! répondit Énée, c'est ton ombre affligée qui , s'offrant souvent à mes yeux, m'a fait descendre dans ces sombres demeures. Nos vaisseaux sont à l'ancre dans une rade de la mer Tyrrhénienne. Donne-moi ta main, donne, mon père, et ne te dérobe point à mes embrassements. » En parlant ainsi, les larmes inondaient son visage. Trois fois il voulut serrer son père dans ses bras; trois fois l'ombre échappe de ses mains, et trompe sa tendresse, telle que les vents légers, ou que le songe qui s'envole.

 Cependant Énée voit, dans un enfoncement du vallon, un bocage isolé , dont les rameaux agités font entendre au loin leur frémissement, séjour paisible que le Léthé borde de ses eaux. Sur ses rives voltigeaient des nations et des peuples innombrables. Ainsi, durant les beaux jours de l'été, les abeilles se répandent dans les prairies, se reposent sur les fleurs , et volent en foule autour des lis ; toute la campagne retentit de leur bourdonnement. Énée, vivement ému de ce spectacle, demande quel est ce fleuve, et d'où vient cette innom-

Quam metui	Combien j'ai craint
ne regna Libyæ	que les royaumes de Libye
nocerent quid tibi !	ne nuisissent en quelque chose à toi !
Ille autem :	Mais lui répondit :
Genitor, tua tristis imago,	Mon père, ta triste image,
occurrens sæpius,	se présentant souvent à moi,
adegit me	a poussé moi
tendere hæc limina.	à venir-vers ce seuil.
Classes stant	Mes flottes se tiennent (mouillent)
sale Tyrrheno.	dans la mer Tyrrhénienne.
Da, genitor, da	Donne, mon père, donne (accorde-moi)
jungere dextram,	de joindre ma main-droite à la tienne,
neque subtrahe te	et ne dérobe pas toi
nostro amplexu.	à notre (mon) embrassement.
Memorans sic,	Parlant ainsi,
rigabat simul ora	il arrosait en-même-temps son visage
fletu largo.	de pleurs abondants.
Ibi ter conatus	Là (en ce moment) trois-fois il s'efforça
circumdare brachia collo;	de lui jeter ses bras autour du cou ;
ter	trois-fois
imago frustra comprensa	l'image en vain saisie
effugit manus,	s'échappa de ses mains,
par ventis levibus	pareille aux vents légers
simillimaque	et très-semblable
somno volucri.	à un songe ailé.
Interea Æneas	Cependant Énée
videt in valle reducta	voit dans une vallée retirée
nemus seclusum,	un bois fermé-à-part (séparé),
et virgulta sonantia silvis,	et des bosquets retentissants par leurs [branches,
amnemque Lethæum	et le fleuve du-Léthé
qui prænatat	qui coule-le-long-de (baigne)
domos placidas.	ces demeures paisibles.
Populi	Des peuples
gentesque innumeræ	et des nations innombrables
volabant circum hunc :	voltigeaient autour de ce fleuve :
ac veluti in pratis	et comme dans les prés
ubi apes, æstate serena,	lorsque les abeilles, dans l'été serein,
insidunt floribus variis,	se posent sur des fleurs variées,
et funduntur	et se répandent
circum lilia candida,	autour des lis blancs,
omnis campus	tout le champ
strepit murmure.	retentit de leur bourdonnement.
Æneas nescius	Énée, ignorant ce que ce peut être,
horrescit visu subito,	frémit à cette vue soudaine,
requiritque causas :	et demande les causes de ce qu'il voit :
quæ sint ea flumina porro,	quels sont ces fleuves au loin,
quive viri complerint	ou (et) quels hommes ont rempli (couvrent)

Quive viri tanto complerint agmine ripas.
Tum pater Anchises : « Animæ, quibus altera fato
Corpora debentur, Lethæi ad fluminis undam
Securos latices et longa oblivia potant.   715
Has equidem memorare tibi atque ostendere coram,
Jampridem hanc prolem cupio enumerare tuorum,
Quo magis Italia mecum lætere reperta. »
— « O pater, anne aliquas ad cœlum hinc ire putandum est
Sublimes animas, iterumque in tarda reverti   720
Corpora? Quæ lucis miseris tam dira cupido? »
— « Dicam equidem, nec te suspensum, nate, tenebo »,
Suscipit Anchises, atque ordine singula pandit.
     « Principio cœlum ac terras, camposque liquentes [1],
Lucentemque globum lunæ, Titaniaque astra   725
Spiritus intus alit, totamque infusa per artus
Mens agitat molem, et magno se corpore miscet.
Inde hominum pecudumque genus, vitæque volantum,
Et quæ marmoreo fert monstra sub æquore pontus.

---

brable multitude qui couvre le rivage? « Ces âmes, dit Anchise,
doivent animer bientôt de nouveaux corps; et déjà elles se rendent
sur les bords du Léthé, pour y boire, avec l'eau de ce fleuve tran
quille, l'oubli de tout le passé. Depuis longtemps je désirais, mon
fils, te parler de ces âmes, te les faire voir de tes propres yeux, et
compter ici avec toi la suite innombrable de nos descendants, afin
que tu goûtes avec moi toute la joie d'avoir enfin trouvé l'Italie. »
— « O mon père! interrompit Énée, est-il croyable que des âmes
retournent d'ici sur la terre, et s'enferment une seconde fois dans
des corps matériels? Qui peut inspirer à ces malheureux cet excès
d'amour pour la vie? » — « Cesse d'être étonné, mon fils, dit An-
chise; je vais t'expliquer ce mystère. » En même temps il commence
ainsi :
     « Apprends d'abord, ô mon fils, que le ciel et la terre et les
plaines liquides et le globe lumineux des nuits et l'astre étincelant
du jour, ont une âme commune. Répandue dans les veines du
monde, elle imprime le mouvement à l'univers et se mêle à ce
grand corps. De là les différentes espèces d'animaux, les hommes,
les quadrupèdes, le peuple ailé qui fend les nues et les monstres que

ripas agmine tanto.	ces rives d'une multitude si grande.
Tum pater Anchises :	Alors le père Anchise *lui dit* :
Animæ,	Les âmes,
quibus altera corpora	auxquelles d'autres corps
debentur fato,	sont dus par le destin,
potant	boivent
ad undam fluminis Lethæi	à l'onde (dans le sein) du fleuve du-Léthé
latices securos	ces eaux *qui rendent* tranquilles
et longa oblivia.	et *avec elles* les longs oublis.
Cupio equidem jampridem	Je désire certes depuis-long-temps
memorare tibi	raconter à toi (te faire connaître)
atque ostendere coram	et *te* montrer en présence (à tes yeux)
has,	ces *âmes,*
enumerare	*et* dénombrer *avec toi*
hanc prolem meorum,	cette race des miens (de ma famille),
quo lætere magis mecum	afin que tu te réjouisses davantage avec moi
Italia reperta.	de l'Italie trouvée.
O pater, anne putandum est	*O mon* père! est-ce-qu'il faut croire
aliquas animas	quelques âmes
ire sublimes hinc	aller s'élevant (remonter) d'ici
ad cœlum,	vers le ciel (sur la terre),
iterumque reverti	et *qu'elles puissent* de nouveau retourner
in corpora tarda?	dans les corps lents (lourds, matériels)?
quæ cupido tam dira	quel désir si cruel (effréné)
lucis miseris?	de la lumière *est* à *ces* malheureux?
Equidem dicam, nate,	A la vérité je *te le* dirai, *ô mon* fils,
nec tenebo te suspensum,	et je ne tiendrai pas toi en-suspens,
suscipit Anchises,	reprend Anchise,
atque pandit singula	et il *lui* dévoile chaque-chose
ordine.	par ordre.
Principio	Dès le principe *des choses,*
spiritus alit intus	un esprit-de-vie alimente intérieurement
cœlum ac terras,	le ciel et les terres,
camposque liquentes,	et les plaines liquides (les mers),
globumque lucentem lunæ,	et le globe lumineux de la lune,
astraque Titania,	et l'astre Titanien (le soleil),
mensque	*et cette* âme
infusa	répandue (se répandant) [ties)
per artus	à travers les membres (dans *toutes* les par-
agitat totam molem,	agite (met en mouvement) toute la masse,
et se miscet magno corpore.	et se mêle au grand corps *de l'univers.*
Inde genus hominum	De là *viennent* la race des hommes
pecudumque,	et *celle* des bêtes,
vitæque volantum,	et les vies des êtres-ailés,
et monstra quæ pontus	et les monstres que la mer
fert sub æquore	porte sous *sa* surface
marmoreo.	unie-comme-le-marbre.

Igneus est ollis vigor et cœlestis origo   730
Seminibus, quantum non noxia corpora tardant,
Terrenique hebetant artus moribundaque membra :
Hinc metuunt cupiuntque, dolent gaudentque ; nec auras
Dispiciunt, clausæ tenebris et carcere cæco.
Quin et, supremo quum lumine vita reliquit,   735
Non tamen omne malum miseris, nec funditus omnes
Corporeæ excedunt pestes ; penitusque necesse est
Multa diu concreta modis inolescere miris.
Ergo exercentur pœnis, veterumque malorum
Supplicia expendunt : aliæ panduntur inanes   740
Suspensæ ad ventos ; aliis sub gurgite vasto
Infectum eluitur scelus, aut exuritur igni :
Quisque suos patimur manes. Exinde per amplum
Mittimur Elysium, et pauci læta arva tenemus ;
Donec longa dies, perfecto temporis orbe,   745
Concretam exemit labem, purumque reliquit

nourrit le vaste sein des mers. La flamme qui les anime vit en eux
sans jamais s'éteindre, et rien n'en dément la céleste origine, tant
qu'elle n'est point appesantie par le mélange d'un limon grossier,
qu'elle ne languit point enfermée dans des organes terrestres et des
membres soumis à la mort. De là les craintes, les désirs, la dou-
leur et la joie qu'elles éprouvent tour à tour. L'esprit captif dans
l'obscure prison des sens ne peut en percer les ténèbres et contem-
pler les cieux. Même alors que la mort dégage l'âme de ses liens
charnels, elle ne peut s'affranchir tout à fait des souillures qu'elle a
nécessairement contractées par son union malheureuse avec le corps.
La tache invétérée du vice y laisse encore une empreinte profonde.
Il faut que, soumise au châtiment, elle expie dans les souffrances
les fautes du passé. Ici, les âmes suspendues dans le vide, demeu-
rent exposées aux vents ; là, plongées dans un vaste gouffre, elles
s'y lavent du crime qui les entache ; d'autres s'épurent au feu des
brasiers. Nous subissons tous quelque épreuve ; après quoi nous
sommes admis dans les vastes plaines de l'Élysée ; mais peu d'élus
en habitent pour toujours les campagnes fortunées ; ils n'y entrent
qu'après qu'une longue révolution des temps a complétement effacé
toutes leurs souillures, et que les âmes, dégagées de tout mélange

Vigor igneus	Une énergie de-feu
et origo cœlestis	et une origine céleste
est ollis seminibus,	est à ces émanations *de l'âme universelle,*
quantum corpora	autant que (aussi longtemps que) des corps
noxia	nuisibles *à l'essor de l'âme*
non tardant,	ne *l'*appesantissent pas,
artusque terreni	et *que* des organes terrestres
membraque moribunda	et des membres mortels
hebetant.	*n'*amortissent *pas cette vigueur.*
Hinc	De là (par l'effet de leur union avec le corps)
metuunt, cupiuntque,	*les âmes* craignent et désirent,
dolent, gaudentque,	sont affligées, et se réjouissent,
neque dispiciunt auras,	et ne distinguent pas la lumière,
clausæ tenebris	enfermées *qu'elles sont* dans les ténèbres
et carcere cæco.	et dans *leur* prison obscure.
Quin et,	En outre aussi,
quum lumine supremo	lorsque au jour suprême
vita reliquit,	la vie a abandonné *les corps,*
tamen omne malum	cependant tout le mal
et omnes pestes corporeæ	et toutes les souillures corporelles
non excedunt funditus	ne sortent pas entièrement
miseris,	des malheureuses *âmes,*
estque necesse multa	et il est nécessaire *que* beaucoup *de vices*
concreta diu	qui ont grandi longtemps avec *elles*
inolescere penitus	s'enracinent profondément
modis miris.	d'une manière étonnante.
Ergo exercentur	Donc elles sont tourmentées
pœnis,	par des châtiments,
expenduntque supplicia	et payent les supplices (la peine)
veterum malorum.	de *leurs* anciens méfaits.
Aliæ suspensæ panduntur	Les unes, suspendues, sont exposées
ad ventos inanes;	aux vents vides (légers);
aliis	à d'autres
scelus infectum	le vice qui-*les*-souille
eluitur sub gurgite vasto,	est lavé sous l'abîme vaste (profond),
aut exuritur igni:	ou est brûlé par le feu :
patimur	nous subissons
quisque suos manes.	chacun ses mânes (une expiation).
Exinde mittimur	De là nous sommes envoyés
per amplum Elysium,	dans le vaste Élysée,
et parci	et en-petit-nombre
tenemus arva læta;	nous occupons les campagnes riantes ;
donec	jusqu'à ce que
longa dies,	un long jour (un long temps),
orbe temporis perfecto,	le cercle du temps étant achevé,
exemit labem concretam,	ait ôté (effacé) la tache inhérente,
reliquitque purum	et ait laissé purifié

Æthereum sensum atque aurai [1] simplicis ignem.
Has omnes, ubi mille rotam [2] volvere per annos,
Lethæum ad fluvium Deus evocat agmine magno,
Scilicet immemores supera ut convexa revisant,   750
Rursus et incipiant in corpora velle reverti. »
     Dixerat Anchises, natumque, unaque Sibyllam
Conventus trahit in medios turbamque sonantem,
Et tumulum capit, unde omnes longo ordine possit
Adversos legere, et venientum discere vultus.   755
« Nunc age, Dardaniam prolem quæ deinde sequatur
Gloria, qui maneant Itala de gente nepotes,
Illustres animas nostrumque in nomen ituras
Expediam dictis, et te tua fata docebo.
     « Ille, vides, pura juvenis qui nititur hasta [3],   760
Proxima sorte tenet lucis loca, primus ad auras
Æthereas, Italo commixtus sanguine, surget,
Sylvius [4], Albanum nomen, tua postuma proles,
Quem tibi longævo serum Lavinia conjux

grossier, ont recouvré la pureté de leur céleste origine et la flamme
éthérée de leur essence. Toutes ces âmes, après mille ans révolus,
un dieu les conduit en foule au bord du Léthé, afin que, buvant
l'oubli à longs traits, elles désirent rentrer de nouveau dans des corps,
et retournent sur la terre sans aucun souvenir du passé. »

     Anchise, ayant ainsi parlé, conduit son fils et la Sibylle vers le
milieu de la foule bruyante des ombres, et se place avec eux sur
une hauteur, d'où il les voit toutes arriver vers lui, et distingue
aisément leurs visages. « Viens, dit-il, que je te mette devant les
yeux la gloire réservée en Italie à la nation troyenne; que je te montre
la suite de tes descendants, ces âmes illustres qui feront revivre à
jamais notre nom : connais, mon fils, ta destinée.

     « Vois ce jeune prince appuyé sur un sceptre; le sort l'a placé le
plus voisin de la vie : il naîtra le premier du sang ausonien mêlé
avec le nôtre; il sera ton fils : mais quand il verra la lumière, tu
l'auras perdue. Lavinie, ton épouse, élèvera dans les forêts ce fruit

sensum æthereum	le sens éthéré (l'âme)
atque ignem aurai simplicis.	et le feu de l'air pur (l'éther).
Ubi volvere	Lorsqu'elles ont roulé (parcouru)
rotam	la roue (révolution du temps)
per mille annos,	pendant mille années,
Deus evocat omnes has	*alors* un dieu appelle toutes ces *âmes*
magno agmine	en grande multitude
ad fluvium Lethæum ;	vers le fleuve du-Léthé ;
scilicet ut immemores	savoir afin que ne-se-souvenant-pas
revisant	elles aillent-revoir
convexa supera,	les voûtes d'en-haut (le ciel),
et incipiant	et qu'elles commencent
velle reverti rursus	à vouloir retourner de nouveau
in corpora.	dans des corps.
Anchises dixerat,	Anchise avait dit,
trahitque natum,	et il entraîne *son* fils,
unaque Sibyllam	et ensemble la Sibylle
in medios conventus	au milieu-des assemblées *des âmes*
turbamque sonantem,	et de la foule bruyante,
et capit tumulum,	et il occupe une hauteur,
unde possit legere	d'où il puisse parcourir *des yeux*
omnes adversos	toutes *les ombres* tournées-devant-lui
longo ordine,	en longue file,
et discere vultus	et connaître (voir) les visages
venientum.	de ceux-qui-viennent.
Nunc age !	Maintenant, allons ! *dit-il,*
expediam dictis	j'exposerai par *mes* paroles
quæ gloria sequatur deinde	quelle gloire doit-suivre dans l'avenir
prolem Dardaniam,	la race troyenne,
qui nepotes maneant	quels petits-fils *nous* sont réservés
de gente Itala,	de la nation (race) italienne,
illustres animas	*je te ferai connaître* les âmes illustres
iturasque	et devant-venir
in nostrum nomen,	en (pour porter) notre nom,
et docebo te tua fata.	et j'instruirai toi sur tes destins.
Ille juvenis, vides,	Ce jeune homme, vois-tu,
qui nititur	qui est appuyé
hasta pura,	sur une lance simple (sans fer),
tenet sorte	tient par le sort
loca proxima lucis,	les lieux les plus proches de la lumière ;
commixtus sanguine Italo	*et* mêlé de sang italien
surget primus	il s'élèvera le premier
ad auras æthereas,	vers les airs éthérés,
Sylvius, nomen Albanum,	*c'est* Sylvius, nom Albain,
tua proles postuma,	ta race posthume,
quem Lavinia conjux	que Lavinie *ton* épouse
educet serum silvis	élèvera, *enfant* tardif, dans les forêts,

Educet silvis regem, regumque parentem,   765
Unde genus Longa nostrum dominabitur Alba.»
  « Proximus ille Procas, Trojanæ gloria gentis;
Et Capys, et Numitor; et, qui te nomine reddet,
Sylvius Æneas, pariter pietate vel armis
Egregius, si unquam regnandam acceperit Albam.   770
Qui juvenes! quantas ostentant, adspice, vires!
At qui umbrata gerunt civili tempora quercu [1],
Hi tibi Nomentum, et Gabios urbemque Fidenam,
Hi Collatinas imponent montibus arces,
Pometios, Castrumque Inui, Bolamque, Coramque: 775
Hæc tum nomina erunt, nunc sunt sine nomine terræ.
  « Quin et avo comitem sese Mavortius addet
Romulus, Assaraci quem sanguinis Ilia mater
Educet. Viden' ut geminæ stant vertice cristæ,
Et pater ipse suo Superum jam signat honore?   780
En hujus, nate, auspiciis illa inclyta Roma
Imperium terris, animos æquabit Olympo,
Septemque una sibi muro circumdabit arces [2],
Felix prole virum : qualis Berecynthia mater [3]

trop tardif de ta vieillesse, Sylvius (ainsi le nommeront les Albains), roi et père de tous ces rois de notre sang, qui régneront dans Albe la Longue.

  « Après lui tu vois Procas, la gloire de la nation troyenne; Capys, Numitor, et cet autre Sylvius qui portera ton nom, distingué comme toi par sa valeur et par sa piété, si jamais il monte sur le trône de ses aïeux. Considère la force et la vigueur qui brillent dans tous ces princes. Mais ceux que tu vois la tête ombragée d'une couronne de feuilles de chêne, ce sont eux qui te bâtiront un jour Nomente, Gabie, Fidène, les murs de Collatie, Pométie, le fort d'Inuus, Bola et Cora. Tels seront alors les noms de ces contrées, qui n'en ont encore aucun.

  « Bientôt Romulus, digne fils de Mars, ira se ranger près de son aïeul; Romulus, que mettra au monde Ilia, princesse du sang d'Assaracus. Vois-tu ces deux aigrettes qui s'élèvent sur le casque du héros, et cet air divin qu'il tient de Jupiter? Ce sera sous ses auspices, mon fils, que Rome, cette superbe Rome, portera son empire jusqu'aux deux bouts de l'univers, et son courage jusqu'au ciel; ville immense, qui seule renfermera sept collines dans son enceinte; ville féconde en héros : telle l'auguste déesse de Bérécynthe, la tête couronnée de tours, parcourt sur son char les villes de Phry-

tibi longævo,	à toi âgé,
regem parentemque regum,	roi et père de rois,
unde nostrum genus	d'où (par qui) notre race
dominabitur Alba longa.	dominera dans Albe la Longue.
Ille proximus, Procas,	Celui-ci, le plus proche *de lui, est* Procas,
gloria gentis Trojanæ,	la gloire de la nation troyenne,
et Capys et Numitor,	et Capys et Numitor,
et Sylvius Æneas	et Sylvius Énée [nom],
qui reddet te nomine,	qui te reproduira par le nom (portera ton
pariter egregius	également remarquable
pietate vel armis,	par la piété ou (et) par les armes,
si unquam acceperit	si jamais il reçoit
Albam regnandam.	Albe à-gouverner.
Qui juvenes ! adspice !	Quels jeunes-gens ! regardé !
quantas vires ostentant !	quelles forces ils montrent !
At qui gerunt tempora	Mais ceux qui portent les tempes
umbrata quercu civili,	ombragées du chêne civique,
hi imponent tibi montibus	ceux-ci placeront à toi sur des hauteurs
Nomentum, et Gabios,	Nomente, et Gabies,
urbemque Fidenam ;	et la ville de-Fidène ;
hi arces Collatinas,	ceux-ci *élèveront* les citadelles de-Collatie,
Pometios,	Pométie,
castrumque Inui,	et le fort d'Inuus,
Bolamque, Coramque.	et Bola, et Cora.
Hæc nomina erunt tum,	Ces noms seront alors,
nunc terræ	maintenant *ces* terres
sunt sine nomine.	sont sans nom.
Quin et	De plus aussi
Romulus Mavortius	Romulus fils-de-Mars
sese addet comitem avo,	se joindra *comme* compagnon à *son* aïeul,
quem Ilia mater	*Romulus* qu'Ilia *sa* mère
educet sanguinis Assaraci.	élèvera *étant* du sang d'Assaracus.
Viden' ut geminæ cristæ	Vois-tu comme deux aigrettes
stant vertice,	se tiennent (s'élèvent) sur *sa* tête,
et pater Superum ipse	et *comme* le père des Dieux lui-même
signat jam suo honore ?	le marque déjà de sa majesté ?
En, nate, auspiciis hujus	Voici que, *ô mon fils*, sous les auspices de
illa Roma inclyta,	cette Rome célèbre, [celui-ci
felix prole virum,	féconde par la production de héros,
æquabit imperium	égalera *sa* domination
terris,	aux terres (à l'étendue de l'univers),
animos Olympo,	*ses* sentiments à l'Olympe,
unaque circumdabit sibi	et seule enceindra pour elle-même
septem arces :	sept collines :
qualis mater Berecynthia	*telle* que la mère (déesse) de-Bérécynthe
turrita	couronnée-de-tours
invehitur curru	est portée sur un char

Invehitur curru Phrygias turrita per urbes,   785
Læta Deum partu, centum complexa nepotes,
Omnes cœlicolas, omnes supera alta tenentes.
    « Huc geminas nunc flecte acies; hanc adspice gentem,
Romanosque tuos. Hic Cæsar, et omnis Iuli
Progenies, magnum cœli ventura sub axem.   790
Hic vir, hic est, tibi quem promitti sæpius audis,
Augustus Cæsar, Divi genus; aurea condet
Sæcula qui rursus Latio, regnata per arva
Saturno quondam; super et Garamantas et Indos [1]
Proferet imperium; jacet extra sidera tellus,   795
Extra anni solisque vias, ubi cœlifer Atlas
Axem humero torquet stellis ardentibus aptum.
Hujus in adventum jam nunc et Caspia regna [2],
Responsis horrent Divum, et Mæotica tellus,
Et septemgemini turbant trepida ostia Nili.   800
Nec vero Alcides tantum telluris obivit,
Fixerit æripedem cervam licet, aut Erymanthi [3]

gie; glorieuse d'être la mère des dieux, et de compter cent petits-
fils, tous habitants de l'Olympe.

    « Tourne maintenant, tourne les yeux de ce côté; regarde cette
nation, ce sont tes Romains. Voilà César, et toute la postérité qui
doit naître d'Iule. Celui-ci, c'est ce héros qui te fut tant de fois
promis, César-Auguste, fils d'un dieu, qui ramènera le siècle d'or
dans le Latium, dans ces heureuses contrées où jadis régna Saturne,
et qui étendra son empire au delà des Garamantes et des Indiens,
au delà des constellations et des routes du soleil, dans ces lieux où
le puissant Atlas soutient sur ses épaules le monde étoilé. Déjà, dans
l'attente de ce vainqueur, les royaumes de la mer Caspienne et les
Palus Méotides retentissent d'oracles effrayants; déjà les sept bouches
du Nil sont en proie aux plus vives alarmes. Jamais Hercule lui-
même n'aura parcouru tant de contrées; Hercule, qui perça de ses
traits la biche aux pieds d'airain; qui rendit la paix aux forêts d'Ery-

per urbes Phrygias,	à travers les villes phrygiennes,
læta partu Deum,	joyeuse de l'enfantement des Dieux,
complexa centum nepotes	embrassant cent petits-fils
omnes cœlicolas,	tous habitants-du-ciel,
omnes tenentes	tous occupant
supera alta.	les *lieux* d'en-haut (les cieux) élevés.
Nunc flecte huc	Maintenant tourne ici (de ce côté)
geminas acies,	*tes* deux yeux,
adspice hanc gentem	regarde cette nation
tuosque Romanos.	et tes Romains.
Hic Cæsar,	Là *est* César,
et omnis progenies Iuli,	et toute la race d'Iule,
ventura	devant-venir
sub magnum axem cœli;	sous le grand axe (la voûte) du ciel ;
Hic vir, hic est,	Celui-ci *est* l'homme, celui-ci est *l'homme,*
quem audis sæpius	que tu entends souvent
promitti tibi,	être promis à toi,
Augustus Cæsar,	Auguste César,
genus Divum,	race (descendant) des Dieux,
qui condet rursus	qui fondera (fera naître) de nouveau
Latio sæcula aurea,	pour le Latium des siècles d'-or,
per arva regnata	dans les champs gouvernés
quondam Saturno,	autrefois par Saturne,
et proferet imperium	et portera *son* empire
super Garamantas	au delà des Garamantes
et Indos.	et des Indiens.
Tellus jacet	*Cette* terre est étendue
extra sidera,	en dehors des constellations (du tropique),
extra vias anni solisque,	hors des routes de l'année et du soleil,
ubi Atlas cœlifer	où Atlas qui-porte-le-ciel
torquet humero	tourne (fait tourner) sur *son* épaule
axem	l'axe *du ciel*
aptum stellis ardentibus.	garni d'étoiles ardentes (brillantes).
Jam nunc	Déjà maintenant
in adventum hujus	pour (dans l'attente de) l'arrivée de lui
et regna Caspia,	et les royaumes Caspiens,
et tellus Mæotica,	et la terre Méotide, [Dieux,
horrent responsis Divum,	sont épouvantées par les réponses des
et ostia trepida	et les bouches tremblantes
Nili septemgemini	du Nil partagé-en-sept-*branches*
turbant.	se troublent.
Nec vero Alcides	Mais ni Alcide
obivit tantum telluris,	ne parcourut tant de terre (de pays),
licet fixerit	quoiqu'il ait percé
cervam æripedem,	la biche aux-pieds-d'airain,
aut pacarit	ou (et) qu'il ait pacifié
nemora Erymanthi,	les bois d'Érymanthe,

Pacarit nemora, et Lernam tremefecerit arcu;
Nec, qui pampineis victor juga flectit habenis,
Liber, agens celso Nysæ de vertice tigres. 805
Et dubitamus adhuc virtutem extendere factis?
Aut metus Ausonia prohibet consistere terra?
  « Quis procul ille autem ramis insignis olivæ,
Sacra ferens? nosco crines incanaque menta
Regis Romani primam qui legibus urbem 810
Fundabit, Curibus parvis et paupere terra
Missus in imperium magnum. Cui deinde subibit
Otia qui rumpet patriæ, residesque movebit
Tullus in arma viros, et jam desueta triumphis
Agmina. Quem juxta sequitur jactantior Ancus, 815
Nunc quoque jam nimium gaudens popularibus auris.
Vis et Tarquinios reges, animamque superbam
Ultoris Bruti, fascesque videre receptos?
Consulis imperium hic primus sævasque secures
Accipiet; natosque pater, nova bella moventes, 820
Ad pœnam pulchra pro libertate vocabit.
Infelix! utcumque ferent ea facta minores :

manthe, et qui fit trembler les marais de Lerne du bruit de son arc
redoutable; ni le vainqueur des Indes, ce dieu qui, du sommet de
Nysa, fait voler son char triomphant, traîné par des tigres qu'il
conduit avec des rênes ornées de pampres. Et nous balancerions en-
core d'immortaliser notre courage par d'illustres exploits! et nous
craindrions de fixer notre sort en Italie !
  « Mais quel est, plus loin, ce personnage dont la tête est ceinte
d'olivier, et qui porte dans ses mains ces instruments sacrés? Je
reconnais, à ses cheveux, à sa barbe blanche, ce roi qui, par des
lois sages, donnera à Rome naissante de plus solides fondements :
de sa petite ville de Cures, de son champ ingrat et stérile, il sera
appelé au gouvernement d'un grand peuple. Tullus lui succédera;
il bannira la paix de la patrie, et réveillera le goût des armes et
l'ardeur des conquêtes déjà presque éteinte dans les cœurs. Tu vois
après lui Ancus, trop épris d'une vaine gloire, et qui déjà s'applau-
dit de la faveur d'une multitude inconstante. Veux-tu voir aussi les
Tarquins, et l'âme fière de Brutus, fléau de la tyrannie et restaura-
teur de la liberté? C'est lui qui, le premier, sera revêtu du pouvoir
consulaire, et fera porter devant lui les faisceaux et les haches
redoutables. Ses enfants voudront troubler la paix ; il les sacrifiera
à la liberté publique: malheureux père ! quel que soit le jugement

et tremefecerit	et qu'il ait fait trembler
Lernam arcu;	Lerne par *son* arc;
nec Liber, qui, victor,	ni Bacchus, qui, vainqueur,
flectit juga	plie (dirige) *ses* jougs (son char)
habenis pampineis,	avec des rênes de-pampre,
agens tigres	conduisant *ses* tigres
de vertice celso Nysæ.	du sommet élevé de Nysa.
Et dubitamus adhuc	Et nous balançons encore
extendere virtutem factis?	à étendre *notre* vertu par des *hauts* faits?
aut metus prohibet	ou la crainte *nous* empêche
consistere terra Ausonia?	de *nous* fixer sur la terre Ausonienne?
Quis autem ille procul	Mais quel *est* celui-là au loin,
insignis ramis olivæ,	orné de rameaux d'olivier,
ferens sacra?	portant des *objets* sacrés?
Nosco crines	Je *reconnais* les cheveux
mentaque incana	et le menton blanc
regis Romani	d'un roi Romain
qui fundabit	qui fondera
urbem primam legibus,	la ville la première (d'abord) par des lois,
missus Curibus parvis	envoyé de Cures petite *ville*
et terra paupere	et d'une terre pauvre
in imperium magnum.	à un gouvernement grand.
Cui subibit deinde	A celui-là succédera ensuite
Tullus qui rumpet	Tullus qui rompra (troublera)
otia patriæ,	la paix de la patrie,
movebitque in arma	et excitera aux armes
viros resides et agmina	les hommes tranquilles et les troupes
jam desueta triumphis.	déjà désaccoutumées des triomphes.
Ancus jactantior,	Ancus trop vain,
nunc quoque	maintenant même
gaudens jam nimium	se réjouissant déjà trop
auris popularibus,	du vent *de la faveur* populaire,
sequitur juxta quem.	suit de près lui (Tullus).
Vis videre et	Veux-tu voir aussi
reges Tarquinios,	les rois Tarquins,
animamque superbam	et l'âme fière
Bruti ultoris,	de Brutus vengeur,
fascesque receptos?	et les faisceaux saisis?
Hic accipiet primus	Celui-ci recevra le premier
imperium consulis	l'autorité de consul
securesque sævas,	et les haches menaçantes,
paterque vocabit ad pœnam	et, père, il appellera au supplice
pro pulchra libertate	pour (en faveur de) la belle liberté
natos moventes nova bella.	*ses* fils excitant de nouvelles guerres.
Infelix! utcumque	Malheureux! de quelque manière que
minores	les descendants
ferent ea facta,	doivent accueillir ces faits,

Vincet amor patriæ, laudumque immensa cupido.

  « Quin Decios, Drususque procul, sævumque securi
Adspice Torquatum, et referentem signa Camillum.   825
Illæ autem, paribus quas fulgere cernis in armis,
Concordes animæ nunc, et dum nocte premuntur,
Heu! quantum inter se bellum, si lumina vitæ
Attigerint, quantas acies stragemque ciebunt!
Aggeribus socer ¹ Alpinis atque arce Monœci ²,   830
Descendens, gener adversis instructus Eois.
Ne, pueri, ne tanta animis assuescite bella;
Neu patriæ validas in viscera vertite vires!
Tuque prior, tu parce, genus qui ducis Olympo;
Projice tela manu, sanguis meus!   835

  « Ille ³ triumphata Capitolia ad alta Corintho
Victor aget currum, cæsis insignis Achivis.
Eruet ille Argos, Agamemnoniasque Mycenas,
Ipsumque Æaciden, genus armipotentis Achillei,

de la postérité, l'amour de la patrie et la noble passion de la gloire triompheront de la nature.

  « Vois encore, dans le lointain, les Décius, les Drusus, le sévère Torquatus, armé d'une hache sanglante, et Camille, qui arrache nos étendards à l'ennemi. Ces deux guerriers que tu vois si semblables par l'éclat de leurs armes, et si unis, maintenant qu'ils sont encore dans la nuit profonde, hélas! quelle guerre ils se feront, s'ils parviennent au séjour de la lumière! que de bras ils armeront l'un contre l'autre! que de sang ils feront couler pour leur querelle! lorsque, du haut des Alpes, et du rocher de Monèce, le beau-père viendra fondre sur le gendre, soutenu lui-même de toutes les forces de l'Orient! O mes fils! n'accoutumez point vos courages à ces horribles guerres; ne tournez point vos bras invincibles contre le sein de votre patrie. Et toi, qui descends des dieux, toi, mon sang, arrête, et mets bas le premier ces armes cruelles.

  « Celui-ci, vainqueur de Corinthe, montera au Capitole sur un char de triomphe, après s'être signalé par la défaite des Achéens. Celui-là renversera Argos et Mycènes, patrie d'Agamemnon; il veu-

amor patriæ	l'amour de la patrie
cupidoque immensa	et un désir immense
laudum	de gloire
vincet.	vaincra *dans son cœur.*
Quin adspice procul	De plus, regarde au loin
Decios, Drusosque,	les Décius, et les Drusus,
Torquatumque	et Torquatus
sævum securi,	menaçant par la hache,
et Camillum	et Camille
referentem signa.	rapportant *nos* étendards.
Illæ autem animæ	Mais ces âmes
quas cernis fulgere	que tu vois briller
in armis paribus,	sous des armes pareilles,
concordes nunc	unies (d'accord) maintenant
et dum premuntur nocte,	et tandis qu'elles sont pressées par la nuit,
heu ! si attigerint	hélas ! si elles atteignent
lumina vitæ	la lumière de la vie,
quantum bellum,	quelle guerre,
quantas acies stragemque	quels combats et *quel* carnage
ciebunt inter se !	elles exciteront entre elles !
Socer descendens	Le beau-père (César) descendant
aggeribus Alpinis	des hauteurs des-Alpes
atque arce Monœci ;	et du sommet de Monèce ;
gener instructus	le gendre muni (accompagné)
Eois adversis.	des orientaux adversaires.
Pueri,	*Mes* enfants,
ne assuescite animis	ne rendez-*pas*-familières à *vos* âmes
bella tanta ;	des guerres si-grandes (si cruelles) ;
neu vertite	ou (et) ne tournez pas
vires validas	les forces puissantes *de l'empire*
in viscera patriæ.	contre les entrailles de la patrie.
Tuque prior, meus sanguis,	Et toi, le premier, *toi*, mon sang,
tu qui ducis genus Olympo,	toi qui tires *ton* origine de l'Olympe,
parce,	épargne-*la* (ta patrie),
projice tela manu.	jette *tes* traits *hors* de *ta* main.
Ille victor	Celui-là (Mummius) vainqueur
aget currum	poussera *son* char
ad Capitolia alta,	vers le Capitole élevé,
Corintho triumphata,	Corinthe étant menée-en-triomphe,
insignis	*guerrier* célèbre
Achivis cæsis.	par les Achéens taillés-en-pièces.
Ille eruet Argos	Celui-là (Paul-Émile) renversera Argos
Mycenasque	et Mycènes
Agamemnonias,	d'-Agamemnon (où régna Agamemnon),
Æacidenque ipsum,	et le descendant d'Éacus lui-même,
genus Achillei	race d'Achille
armipotentis,	puissant-par-les-armes,

Ultus avos Trojæ, templa et temerata Minervæ.   840
Quis te, magne Cato, tacitum, aut te, Cosse, relinquat?
Quis Gracchi genus? aut geminos, duo fulmina belli,
Scipiadas, cladem Libyæ? parvoque potentem
Fabricium? vel te sulco, Serrane, serentem?
Quo fessum rapitis, Fabii? Tu maximus ille es,   845
Unus qui nobis cunctando restituis rem.

  « Excudent alii [1] spirantia mollius æra,
Credo equidem; vivos ducent de marmore vultus;
Orabunt causas melius, cœlique meatus
Describent radio et surgentia sidera dicent :.   850
Tu regere imperio populos, Romane, memento;
Hæ tibi erunt artes, pacisque imponere morem,
Parcere subjectis, et debellare superbos. »

  Sic pater Anchises, atque hæc mirantibus addit :
« Adspice ut insignis spoliis Marcellus opimis   855
Ingreditur, victorque viros supereminet omnes!
Hic rem Romanam, magno turbante tumultu,
Sistet, eques sternet Pœnos, Gallumque rebellem,
Tertiaque arma patri suspendet capta Quirino. »

gera, sur la race d'Achille, les Troyens ses aïeux, et Minerve outragée dans son temple. Qui pourrait t'oublier, grand Caton, et toi, illustre Cossus? Qui pourrait passer sous silence la maison des Gracques et les Scipions, ces deux foudres de guerre, ces deux fléaux de la Libye? Fabricius, si puissant dans la pauvreté, et toi, Serranus, qui ne rougis pas d'ensemencer tes sillons de tes propres mains? Famille des Fabius, les forces me manquent pour vous suivre dans vos exploits. Je te reconnais, ô toi le plus grand de tous! toi qui seul, par ta sage lenteur, répareras toutes nos disgrâces.

  « D'autres peuples sans doute feront respirer l'airain avec plus de grâce, et donneront la vie au marbre. Ils défendront les causes avec plus d'éloquence, mesureront le ciel avec le compas, et marqueront la route des étoiles. Pour toi, Romain, apprends à gouverner les nations; tes arts seront de dicter des lois, d'épargner les peuples soumis, et d'abattre les téméraires qui oseront te résister. »

  Ainsi parlait Anchise; Énée et la Sibylle l'écoutaient avec étonnement. « Vois, continua-t-il, le fier Marcellus qui s'avance chargé de riches dépouilles, et, d'un air triomphant, s'élève au-dessus de tous ces héros. Un jour, vainqueur dans un combat de cavalerie, il soutiendra Rome ébranlée par de grands revers; il taillera en pièces les Carthaginois et le Gaulois indomptable, et suspendra, dans le temple de Jupiter Férétrien, les troisièmes dépouilles opimes. »

ultus avos Trojæ,
et templa Minervæ
temerata.
Magne Cato
quis relinquat te tacitum,
aut te, Cosse?
Quis genus Gracchi?
aut geminos Scipiadas,
duo fulmina belli,
cladem Libyæ?
Fabriciumque
potentem parvo,
vel te, Serrane,
serentem sulco?
Quo rapitis fessum Fabii?
Tu, Maximus, es ille,
qui unus cunctando
restituis nobis rem.
Alii excudent mollius
æra spirantia,
credo equidem;
ducent de marmore
vultus vivos;
orabunt melius causas,
describentque
radio
meatus cœli,
et dicent sidera surgentia :
Tu, Romane, memento
regere populos imperio;
hæ artes erunt tibi,
imponerequemorem pacis,
parcere subjectis,
et debellare superbos.
  Sic pater Anchises
atque addit hæc
mirantibus :
Adspice
ut Marcellus ingreditur
insignis spoliis opimis,
victorque
supereminet omnes viros.
Hic sistet rem Romanam
magno tumultu turbante;
eques sternet Pœnos
Gallumque rebellem,
suspendetque

ayant vengé (vengeant) les aïeux de Troie,
et les temples de Minerve
profanés.
Grand Caton,
qui laisserait toi passé-sous-silence,
ou toi *aussi*, Cossus ?
Qui *pourrait omettre* la race de Gracchus ?
ou les deux Scipions,
ces deux foudres de guerre,
fléau de la Libye ?
et Fabricius
puissant avec peu (quoique pauvre),
ou toi, Serranus,
semant dans un sillon ?
Où emportez-vous *moi* fatigué, ó Fabius ?
Toi, Maximus, tu es ce *Fabius*,
qui seul, en temporisant,
rétablis à nous la chose *publique*.
D'autres travailleront plus mollement
l'airain respirant (les statues d'airain),
je le crois certainement ;
ils tireront du marbre
des figures vivantes ;
ils plaideront mieux les causes,
et décriront
avec le rayon (compas)
les cours du ciel (des astres),
et *prédiront* les astres qui-se-lèvent :
toi, Romain, souviens-toi
de gouverner les peuples sous *ton* empire ;
ces arts seront à toi (les tiens),
et d'imposer les conditions de la paix,
d'épargner les *peuples* soumis
et de dompter (d'abattre) les superbes.
  Ainsi *parle* le père Anchise,
et il ajoute ces choses
à *eux* s'étonnant :
Regarde
comme Marcellus s'avance
orné de dépouilles opimes,
et *comme*, vainqueur,
il surpasse tous *ces* héros.
Celui-ci soutiendra la chose Romaine
un grand tumulte (désordre) *la* troublant ;
cavalier, il renversera les Carthaginois
et le Gaulois rebelle,
et suspendra

Atque hic Æneas (una namque ire videbat   860
Egregium forma juvenem et fulgentibus armis;
Sed frons læta parum, et dejecto lumina vultu):
« Quis, pater, ille virum qui sic comitatur euntem?
Filius, anne aliquis magna de stirpe nepotum?
Qui strepitus circa comitum! quantum instar in ipso!   865
Sed nox atra caput tristi circumvolat umbra. »
Tum pater Anchises lacrimis ingressus obortis :
« O nate, ingentem luctum ne quære tuorum;
Ostendent terris hunc tantum fata, neque ultra
Esse sinent. Nimium vobis Romana propago   870
Visa potens, Superi, propria hæc si dona fuissent.
Quantos ille virum magnam Mavortis ad urbem.
Campus aget gemitus! vel quæ, Tiberine, videbis
Funera, quum tumulum præterlabere recentem!
Nec puer Iliaca quisquam de gente Latinos   875
In tantum spe tollet avos; nec Romula quondam
Ullo se tantum tellus jactabit alumno.

En ce moment Énée interrompit Anchise (car il voyait marcher
à côté du héros un jeune guerrier d'une figure noble, et couvert
d'armes éclatantes; mais dont l'air était triste et les yeux abattus).
« Quelle est, dit-il, cette ombre qui accompagne le grand homme? est-ce
son fils? est-ce quelqu'un de ses illustres descendants? avec quel em-
pressement flatteur on l'environne! quelle ressemblance entre ces deux
guerriers! mais une affreuse nuit entoure sa tête d'une ombre funèbre. »
A ces mots, l'auguste vieillard, laissant couler ses larmes : « O mon fils!
ne me demande pas ce qui sera pour ta postérité le sujet de tant de
pleurs! Ce héros que tu vois, les destins ne feront que le montrer
au monde; aussitôt il disparaîtra. Rome vous eût semblé trop puis-
sante, Dieux immortels, s'il lui eût été donné de jouir en effet
de ce présent de votre main! Quels sanglots, quels gémissements
suivront ses funérailles, des murs superbes de Quirinus au vaste
champ de Mars! et toi, Dieu du Tibre, quelle pompe funèbre, quel
deuil ne verras-tu pas sur tes bords, quand tes flots baigneront son
récent mausolée! Jamais rejeton du noble sang d'Ilion n'élèvera si
haut les espérances des Latins ses aïeux; jamais la terre de Rome ne

patri Quirino	au *temple du* père Quirinus
tertia arma capta.	les troisièmes armes prises.
Atque hic Æneas,	Et ici Enée,
namque videbat ire una	car il voyait marcher ensemble (avec lui)
juvenem	un jeune homme
egregium forma	distingué par *sa* beauté
et armis fulgentibus,	et par *ses* armes brillantes;
sed frons parum læta,	mais *son* front *est* peu joyeux,
et lumina	et *ses* yeux *sont tristes aussi*
vultu dejecto :	*son* visage étant penché :
Pater, quis ille	*Mon* père, qui *est* celui-là
qui comitatur sic	qui accompagne ainsi
virum euntem ?	le héros marchant?
Filius ? anne aliquis	*Est-ce son* fils? ou-bien-est-ce quelqu'un
de magna stirpe nepotum ?	de la grande race de *ses* petits-fils ?
Qui strepitus	Quel bruit
comitum circa !	de compagnons autour *de lui !*
quantum instar in ipso !	quelle-grande ressemblance *est* dans lui!
Sed nox atra circumvolat	Mais une nuit noire entoure-en-volant
caput umbra tristi.	*sa* tête d'une ombre triste.
Tum pater Anchises	Alors le père Anchise
ingressus lacrymis obortis :	commençant-*à-parler* les larmes arrivant:
O nate, ne quære	O *mon* fils! ne cherche pas *à connaître*
ingentem luctum tuorum;	la grande affliction des tiens;
fata ostendent tantum	les destins montreront seulement
hunc terris,	celui-ci à la terre,
neque sinent	et ne *le* laisseront pas
esse ultra.	être (vivre) plus-longtemps.
Propago Romana, Superi,	La race romaine, *ô* Dieux,
visa vobis nimium potens,	*aurait* paru à vous trop puissante,
si hæc dona	si ces dons
fuissent propria.	*lui* eussent été propres (assurés).
Quantos gemitus virum	Quels gémissements d'hommes
aget ille Campus	poussera ce Champ-*de-Mars*
ad magnam urbem	vers la grande ville
Mavortis,	de Mars,
vel quæ funera videbis,	ou quelles funérailles tu verras,
Tiberine,	*ô* Tibre,
quum præterlabere	lorsque tu couleras-devant
tumulum recentem.	*son* tombeau récent.
Nec quisquam puer	Ni aucun enfant
de gente Iliaca	de la race d'-Ilion
tollet in tantum spe	n'élèvera autant par l'espérance
avos Latinos;	*ses* aïeux Latins;
nec tellus Romula	ni la terre de-Romulus
se jactabit	ne se vantera
quondam tantum	un jour autant

Heu pietas! heu prisca fides! invictaque bello
Dextera! non illi quisquam se impune tulisset
Obvius armato, seu quum pedes iret in hostem,   830
Seu spumantis equi foderet calcaribus armos.
Heu miserande puer! si qua fata aspera rumpas,
Tu Marcellus eris [1]. Manibus date lilia plenis;
Purpureos spargam flores [2], animamque nepotis
His saltem accumulem donis, et fungar inani   885
Munere. » Sic tota passim regione vagantur
Aeris in campis latis, atque omnia lustrant.

Quæ postquam Anchises natum per singula duxit,
Incenditque animum famæ venientis amore,
Exin bella viro memorat quæ deinde gerenda,   890
Laurentesque docet populos, urbemque Latini,
Et quo quemque modo fugiatque feratque laborem.

Sunt geminæ Somni [3] portæ, quarum altera fertur
Cornea, qua veris facilis datur exitus umbris;

s'applaudira d'avoir vu naître un plus digne citoyen. O piété! ô can-
deur des premiers âges! ô valeur invincible dans les combats! Jamais
adversaire n'eût impunément affronté ses armes, soit que, à la tête
de ses bataillons, il fondît à pied sur les rangs ennemis, soit qu'il
pressât de l'éperon les flancs d'un coursier blanchissant d'écume. Ah!
jeune homme infortuné! si tu peux triompher de la rigueur des
destins, tu seras Marcellus!... Donnez à pleines mains et les lis et les
roses; que je couvre sa tombe des plus belles fleurs; que je comble
au moins de ces présents les mânes de mon petit-fils, et qu'il
reçoive de moi ces honneurs, hélas! trop vains! »

C'est ainsi qu'Anchise parcourait avec son fils les vastes champs
aériens, lui découvrait tout, et embrasait son âme par la vue de sa
gloire future. Il lui parle ensuite des guerres qu'il doit soutenir; lui
fait connaître les peuples latins, la ville de Laurente, et les moyens
de prévenir ou de soutenir tant d'orages.

Il y a deux portes du Sommeil: l'une de corne, par où sortent les
ombres réelles; l'autre d'un ivoire blanc et poli, artistement travaillé,

ullo alumno.	d'aucun *autre* nourrisson.
Heu pietas!	Hélas! piété,
heu fides prisca!	hélas! bonne-foi antique
dexteraque	et main-droite (bras)
invicta bello!	invincible à la guerre!
Non quisquam tulisset se	Personne n'eût porté soi
impune obvius	impunément au-devant
illi armato,	de lui armé,
seu quum pedes	soit lorsque piéton (à pied)
iret in hostem,	il irait contre l'ennemi;
seu foderet	soit lorsqu'il aiguillonnerait
calcaribus	de *ses* éperons
armos equi spumantis.	les flancs d'un coursier écumant.
Heu miserande puer!	Hélas! déplorable enfant!
si qua	si par-quelque-moyen
rumpas fata aspera,	tu romps (tu vaincs) *tes* destins cruels,
tu eris Marcellus.	tu seras Marcellus.
Date lilia plenis manibus;	Donnez des lis à pleines mains.
spargam	que je répande
flores purpureos,	des fleurs de-pourpre (brillantes),
accumulemque saltem	et que je comble du moins
his donis animam nepotis,	de ces dons l'âme de *mon* petit-fils!
et fungar inani munere.	et que je m'acquitte de *ce* vain devoir.
Vagantur sic passim	Ils errent ainsi çà-et-là
tota regione,	par toute la région,
in campis latis aeris,	dans les champs étendus de l'air,
atque lustrant omnia.	et passent-en-revue tous *les objets*.
Postquam Anchises	Après qu'Anchise
duxit natum	a conduit *son* fils
per singula quæ,	par chacun-de ces *objets* (l'en a instruit),
incenditque animum	et a enflammé *son* cœur
amore	de l'amour
famæ venientis,	de la renommée venant (à venir),
exin memorat viro	de là (ensuite) il raconte au héros
bella quæ deinde	les guerres qui dans-la-suite
gerenda,	*sont* devant être faites *par lui*,
docetque	et il *l'*instruit
populos Laurentes	*touchant* les peuples laurentins
urbemque Latini,	et la ville de Latinus;
et quo modo fugiatque	et de quelle manière il pourra-éviter
feratquequemquelaborem.	et pourra-supporter chaque labeur (peine)
Geminæ portæ Somni	Deux portes du Sommeil
sunt,	sont,
quarum altera	desquelles l'une
fertur cornea,	est rapportée (dite) *être* de-corne,
qua exitus facilis	par laquelle une sortie facile
datur umbris veris;	est donnée aux ombres vraies;

Altera candenti perfecta nitens elephanto ; 895
Sed falsa ad cœlum mittunt insomnia manes.
His ubi tum natum Anchises unaque Sibyllam
Prosequitur dictis, portaque emittit eburna,
Ille viam secat ad naves, sociosque revisit.
Tum se ad Caietæ¹ recto fert littore portum : 900
Anchora de prora jacitur; stant littore puppes.

---

par où les Dieux des Enfers envoient sur la terre les apparitions
trompeuses. Anchise, continuant d'entretenir son fils et la Sibylle,
les conduisit vers ces portes, et les fit sortir par celle d'ivoire. Énée
retourne vers sa flotte, et rejoint ses compagnons. Ensuite, côtoyant
le rivage, il gagne le port de Caïète : il fait jeter l'ancre et amarrer
ses vaisseaux.

altera nitens,	*et* l'autre brillante,
perfecta	faite-entièrement
elephanto candenti ;	d'ivoire blanc ;
sed Manes mittunt	mais les Mânes envoient *par celle-ci*
ad cœlum insomnia falsa.	vers le ciel (sur la terre) les songes faux.
Tum ubi Anchises	Alors lorsque (pendant que) Anchise
prosequitur his dictis	entretient par ces paroles
natum unaque Sibyllam,	son fils et ensemble la Sibylle,
emittitque porta eburna,	et *les* fait-sortir par la porte d'ivoire,
ille secat	celui-ci coupe (prend, parcourt)
viam ad naves,	la route vers *ses* vaisseaux,
revisitque socios.	et revoit *ses* compagnons.
Tum se fert	Alors il se porte
littore recto	par le rivage droit (en suivant le rivage)
ad portum Caietæ.	vers le port de Caïète.
Anchora jacitur de prora;	L'ancre est jetée *du haut* de la proue,
puppes stant littore.	les poupes se tiennent sur le rivage

NOTES.

Page 2 : 1. *Euboicis Cumarum.....* *oris.* La ville de *Cumes* fut fondée par une colonie grecque venue de l'île d'Eubée, aujourd'hui Négrepont, de là l'épithète *Euboicis.* Quelques vers plus bas (v. 17), Virgile désigne Cumes sous le nom de *Arx Chalcidica* parce que la colonie grecque d'Eubée sortait de la ville de *Chalcis.*

—2. *Delius vates,* Apollon, né dans l'île de Délos, une des Cyclades.

— 3. *Triviæ.* On donne souvent à Diane le nom de *Trivia* parce qu'on l'adorait, dit Varron, aux lieux où aboutissaient trois chemins. Le surnom de *Trivius* est aussi donné à Mercure qui, comme messager des Dieux, présidait aux chemins.

— 4. *Minoia regna, les royaumes de Minos,* c'est-à-dire la Crète, où régnait Minos. Celui dont on parle ici n'est pas le grand Minos, le législateur des Crétois et l'un des trois juges des Enfers, mais son petit-fils, qui eut de Pasiphaé, fille du Soleil, Androgée, Ariadne et Phèdre.

Page 4 : 1. *Arctos gelidas. Arctos,* les constellations des deux Ourses; *gelidas* parce qu'elles sont au nord. On sait que l'étoile polaire qui appartient à la Petite Ourse, est l'étoile la plus rapprochée du pôle, qu'elle est toujours sensiblement à la même place, à quelque heure et dans quelque saison de l'année qu'on la regarde.

— 2. *Cecropidæ, les Athéniens,* parce qu'ils descendaient de Cécrops, roi d'Athènes. *Cecropias apes,* dit Virgile (*Georg.*, lib. IV, v. 177) en faisant allusion aux abeilles du mont Hymette, près d'Athènes.

— 3. *Gnosia tellus,* l'île de Crète dont Gnosse était une des principales villes.

Page 6 : 1. *Deiphobe Glauci. Déiphobe,* nom de la Sibylle; *Glauci,* de *Glaucus,* c'est-à-dire fille de Glaucus; *filia* est sous-entendu. Forme grecque.

— 2. *Teucros, les Troyens,* ainsi nommés de *Teucer,* roi de Phrygie, comme on vient de voir *Cecropidæ,* les Athéniens, de *Cécrops,* roi d'Athènes.

— 3. *Nec mortale sonans. Mortale* est pris ici adverbialement : *à la manière des mortels.* Notre auteur a déjà dit (*Æn.*, lib. I, v. 328) : *nec vox hominem sonat,* et la pensée est la même.

— 4. *Attonitæ, étonnée.* C'est la cause pour l'effet. L'épithète se rapporte par la pensée, non pas à l'antre de la Sibylle, mais à ceux qui en approchent. L'entrée de la demeure redoutable les rend *attonitos, stupentes.*

Page 8 : 1. *Direxti* pour *direxisti* par syncope, comme, trois vers plus bas, *Massylum* pour *Massylorum*, les *Massyles* ou *Massyliens*, peuples de la partie orientale de la Numidie.

— 2. *Prætenta Syrtibus arva.* Les Syrtes sont deux petits golfes que forme la Méditerranée, sur la côte septentrionale de l'Afrique, à l'orient de Carthage. Remplis de bas-fonds, ils étaient très-redoutés des navigateurs de l'antiquité.

— 3. *Trojana....fortuna,* c'est-à-dire la *mauvaise fortune* de Troie, *fortuna inimica.* Ainsi notre auteur a dit (*Æn.*, III, v. 182) : *Nate, Iliacis exercite fatis.* Ce sens, au surplus, ressort assez des vers qui suivent.

— 4. *Templum instituam festosque dies.* Le temple d'Apollon, sur le mont Palatin, et les jeux apollinaires.

— 5. *Tuas sortes,* les livres sibyllins, déposés dans le temple de Jupiter, au Capitole, et confiés à la garde des prêtres nommés *Duumvirs, Décemvirs, Quindécemvirs,* etc.

Page 10 : 1. *Lavini* pour *Lavinii*, Lavinium, capitale du royaume des Latins. Elle est nommée ici par anticipation : Énée ne fonda la ville de *Lavinium*, aujourd'hui *Patrica*, qu'après son mariage avec Lavinie et en l'honneur de cette princesse.

— 2. *Alius... Achilles.* C'est Turnus, roi des Rutules et rival d'Énée; *natus ipse dea,* il était fils de la nymphe Vénilie, comme Achille était fils de la néréide Thétis.

— 3. *Addita Juno. Addita* a ici le sens de *infesta, inimica, affixa* : *acharnée à poursuivre* les Troyens.

Page 12 : 1. *Conjux hospita.* Lavinie, fille de Latinus.

— 2. *Graia urbe.* C'est *Pallantée,* sur les bords du Tibre, près du mont Aventin, et qui prit son nom, soit de son fondateur, Pallas, fils d'Évandre, soit de la ville de Pallantée, en Arcadie, d'où Évandre lui-même était sorti. *Graia* se rapporte plus naturellement à cette dernière supposition, d'autant plus que, dans Virgile, Pallas périt à la fleur de l'âge.

Page 14 : 1. *Alterna morte redemit.* Pollux, affligé de la mort de son frère, pria Jupiter de le rendre immortel. Cette prière ne put être entièrement exaucée : Jupiter permit seulement à Pollux de partager avec Castor son immortalité, de sorte qu'ils vivaient et mouraient alternativement, *alterna morte*. Les deux étoiles, Castor et Pollux, qui forment la constellation des Gémeaux, ne se montrent à l'horizon qu'alternativement. C'est là sans doute ce qui a donné lieu à la fable.

— 2. *Et mi genus ab Jove summo*. La pensée ne s'achève pas, mais elle se fait assez entendre : *Ergo mihi liceat Inferos adire*. Il y a beaucoup de grâce dans cette réticence.

Page 16 : 1. *Bis.... bis....* Énée n'a pas encore vu les Enfers, et *bis* est mis ici pour *nunc et post mortem*.

— 2. *Dictus*, pour *addictus*, *dicatus*.

Page 20 : 1. *Aramque sepulcri*. Le bûcher funéraire était comme l'autel sur lequel on brûlait le cadavre.

Page 22 : 1. *Maternas agnoscit aves*. Les colombes étaient consacrées à Vénus, mère d'Énée : de là l'épithète *maternas*. Le poëte a dit ailleurs, en parlant du myrte également consacré à Vénus : *Materna myrto* (*Æn.*, V, 72).

—2. *Vestigia pressit*, pour *repressit*. C'est le simple pour le composé, comme on voit plus haut (v. 155) : *presso.... ore*, pour *represso.... ore*.

Page 26 : 1. *Socios pura circumtulit unda*, c'est-à-dire *undam tulit circum socios*. La cérémonie de l'aspersion consistait à jeter sur les assistants, avec une branche d'olivier, quelques gouttes d'eau lustrale. — *Eau lustrale*, l'eau dans laquelle on avait éteint un tison tiré de l'autel où les feux étaient allumés. —Le rameau d'aspersion était une branche d'olivier, parce que l'olivier est un signe de paix : *felicis*, heureux en fruits, fertile.

— 2. *Misenus*, *Misène*, en italien *Miseno*, à l'extrémité du golfe de Naples. C'est un promontoire qui fait saillie vis-à-vis de l'île de Procida. Il est élevé, ainsi que le dit Virgile, *monte sub aerio*; et l'antre de la Sibylle, *Sibyllæ spelunca*, et l'Averne, *lacu nigro*, dont il va parler, sont dans le voisinage.

Page 28 : 1. *Aornon* (de ἀ privatif et de ὄρνις, oiseau), c'est-à-dire *sine avibus*. Sans doute il s'exhalait de l'Averne des vapeurs sulfuriques pareilles à celles qui s'élèvent de la Solfatare, qui est dans le voisinage, et que les anciens nommaient *Forum Vulcani*.

— 2. *Matri Eumenidum magnæque sorori*. La mère des Euménides, la Nuit, et sa sœur la Terre.

— 3. *Inchoat*, littéralement, *il commence*; *inchoat* est mis ici pour *facit*, *struit*. Le mot qui suit, *aras*, *autels*, signifie *sacrifices*, suivant quelques-uns. L'épithète *nocturnas* se prête à cette interprétation.

Page 30 : 1. *Ibant obscuri sola sub nocte*, hypallage, pour *obscura soli*. Cette figure est fréquente dans Virgile. Nous ne reproduirons pas cette remarque.

Page 32 : 1. *Forma tricorporis umbræ*. Géryon, roi d'Erythie, avait, suivant la fable, trois corps. Il fut vaincu par Hercule qui lui enleva ses troupeaux.

Page 34 : 1. *Stant lumina flamma*, pour *stat flamma in luminibus, flammea sunt lumina*.

— 2. *Transmittere cursum*, c'est-à-dire *flumen cursu transmittere*. On trouve dans Cicéron, par l'emploi de la même figure, *transcurrere cursum*.

— 3. *Arena*, pour *ripa*, parce que la rive d'un fleuve est *sablonneuse*.

Page 36 : 1. *Di cujus jurare timent et fallere numen*. Lorsque les dieux avaient fait un faux serment en jurant par le Styx, ils étaient bannis du ciel pendant neuf ans et assujettis à toutes les misères humaines.

— 2. *Inops*. Ce mot veut dire ici qui est privé de la sépulture. *Inhumata* présente la même idée, *in* y est également privatif. Remarquons en passant que le mot français *inhumé* dit précisément tout le contraire.

Page 38 : 1. *Obruit Auster....* Voyez, dans le liv. I, v. 81-123, la description du naufrage qui fait périr Oronte, chef de l'escadre lycienne.

— 2. *Libyco cursu*, c'est-à-dire en revenant d'Afrique en Italie. La Libye était à l'ouest de l'Égypte, et comprenait les pays que représentent aujourd'hui le désert de Barca, le beylik de Tripoli, les déserts du Kordofan, du Darfour, etc.

— 3. *Cortina*. C'était le pavillon dressé au-dessus du trépied sur lequel la pythonisse était assise pour rendre ses oracles. *Cortina* est pris ici pour l'oracle même.

Page 40 : 1. *Portusque.... Velinos*. C'est le port de *Vélie* ou *Élée*, aujourd'hui *Castel-a-mare-della-Brucca*, dans l'Italie méridionale, sur la mer Tyrrhénienne, et près du cap de *Palinure*, qui a pris son nom, suivant Virgile, du pilote d'Énée.

Page 44 : 1. *Amphrysia vates*, littéralement *prêtresse amphrysienne*, c'est-à-dire prêtresse d'Apollon *Amphrysien*. Apollon est souvent nommé *Amphrysius*, ou *Pastor ab Amphryso*, du nom du fleuve Amphryse, en Thessalie. C'est sur les bords de ce fleuve que le dieu, chassé de l'Olympe, fut réduit à garder les troupeaux d'Admète.

— 2. *Patrui.* Proserpine était fille de Cérès et de Jupiter et, par conséquent, nièce de Pluton.

Page 46 : 1. *Laxat foros.* C'est comme s'il y avait *laxos et vacuos facit foros. Fori, orum*, le pont, le tillac d'un vaisseau.

Page 48 : 1. *Non sine sorte.* Ces places n'étaient pas données au hasard, mais d'après l'arrêt des juges *choisis par le sort*, c'est-à-dire *non pas sans que le sort les eût choisis*.

— 2. *Fas obstat;* le destin s'y oppose. On lit aussi quelquefois : *Fata obstant.*

— 3. *His Phœdram Procrinque locis,* etc. *Phèdre*, fille de Minos, femme de Thésée, éprise d'Hippolyte, et qui se tua désespérée de ses mépris. — *Procris*, épouse de Céphale, qui la perça involontairement d'une flèche à la chasse où elle l'avait suivi. — *Ériphyle*, épouse d'Amphiaraüs, tuée par son fils Alcméon, qui vengea, par sa mort, la trahison qu'elle avait faite à son mari. — *Évadné*, femme de Capanée, géant d'Argos, se jeta dans le bûcher de son mari. — *Pasiphaé*, fille d'Apollon et de la nymphe Perséide, épouse de Minos, mère d'Androgée, d'Ariadne et de Phèdre. Elle donna aussi le jour au Minotaure. Voyez au commencement de ce livre, vers 24. — *Laodamie*, femme de Protésilas, tué par Hector. Laodamie, ayant obtenu des dieux de revoir une fois son ombre, expira en l'embrassant. — *Cœnis*, fille d'Élatus, obtint de Neptune d'être changée en homme invulnérable, et, sous le nom de *Cœnéus*, fit la guerre aux Centaures qui l'étouffèrent sous un amas d'arbres.

Page 52 : 1. *Torva tuentem.* Le neutre pluriel *torva* est mis ici adverbialement pour *torve*.

— 2. *Marpesia, Marpesus*, aujourd'hui *Marpeso*, montagne de l'île de Paros, célèbre par ses beaux marbres statuaires.

— 3. *Tydeus.... Parthenopœus,...* etc. *Tydée*, père de Diomède, accompagna Polynice au siége de Thèbes et y mourut.—*Parthenopœus...*, fils de Méléagre et d'Atalante, un des sept chefs qui périrent devant Thèbes. — *Adrasti...*, roi de Sicyone et d'Argos, beau-père de Tydée et de Polynice, perdit son armée au siége de Thèbes et se sauva par la fuite. L'épithète *pallentis* semble s'appliquer à son manque de courage. — *Glaucumque, Medontaque, Thersilochumque....* chefs des troupes auxiliaires qui combattaient pour les Troyens. — *Tres Antenoridas*, les trois fils d'Anténor, Polybe, Agénor et Acamas, combattaient sous les ordres d'Hector. — *Polyphœten*, ce fut un prêtre de Cérès. On trouve souvent écrit *Polybœten*. — *Idœum*, Idée était écuyer et conduisait le char de Priam. — *Deiphobum*, Déiphobe,

un des fils de Priam, devint l'époux d'Hélène après la mort de Pâ-
ris. Virgile en a déjà parlé au liv. II, v. 310.

Page 54 : 1. *Tegentem*, pour *tegere volentem*. Il ne peut pas
couvrir de ses mains ses nombreuses et horribles blessures ; il cherche
à se dérober aux regards.

Page 56 : 1. *Tumulum.... inanem.* C'est ce qu'on nomme un *céno-
taphe*, c'est-à-dire un *tombeau vide*, dressé à la mémoire d'un mort.
D'après la croyance des anciens, les morts, dont on n'avait pu retrou-
ver le corps, mais qui avaient reçu cet honneur d'un cénotaphe,
étaient censés *inhumés* : leurs mânes avaient le passage libre de
l'Achéron. Voyez plus haut, v. 327 et 374. — *Rhœteo.* Ce nom
d'un promontoire de la Troade est pris ici pour le rivage du pays
de Troie tout entier.

— 2. *Funeris*, pour *cadaveris*.

— 3. *Gravis attulit alvo. Gravis*, par le poids des soldats qu'il
renfermait. Virgile a déjà dit (liv. II, 238) *feta armis.* Remarquons
en passant que Gilbert a très-heureusement transporté dans notre
langue cette dernière expression *feta armis,* en parlant des vaisseaux
de guerre :

> Des deux côtés l'onde promène
> Des forêts, des cités *enceintes de guerriers.*

— 4. *Evantes*, nom donné aux Bacchantes, et qui vient de leur
cri ordinaire : *evoe, Bacche !* ou *evohe, evan*, et quelquefois *evion.*

> ..... Lyncem Mænas flexura corymbis
> *Evion* ingeminat.
>
> PERS., sat. I, 101.

Page 58 : 1. *Egregia.... conjux.* Est-il nécessaire de faire remar-
quer que *egregia* est pris ici dans un sens ironique ? Déiphobe appelle
excellente, distinguée, la femme qui lui a fait ces horribles bles-
sures.

— 2. *Æolides*, surnom injurieux d'Ulysse, donnant à entendre
qu'il n'est pas fils légitime de Laërte, mais d'Anticlée, femme de
Laërte, et de Sisyphe, fils d'Éole.

— 3. *Aurora. Aurora* est ici pour *sol.* L'Aurore n'a que deux
chevaux à son char : *Aurora in roseis fulgebat lutea bigis* (*Æn.*,
lib. VII, 26). Quand les poëtes lui en donnent quatre, il faut en-
tendre par cela le soleil même. En cet endroit le soleil a déjà atteint
la moitié de sa course. Remarquons que *axem* est pris dans les
poëtes pour le *ciel.*

Page 60 : 1. *Explebo numerum*, c'est-à-dire *ad tenebras revertens implebo numerum umbrarum*. Déiphobe, en rejoignant les ombres, va *compléter leur nombre* qui se trouvait diminué par son éloignement.

— 2. *Solidoque adamante columnæ*. On traduit *adamas* par *diamant*, et c'est à tort. L'*adamas* des anciens était une sorte d'acier fin, brillant et fort dur. Horace a dit (*Od.*, lib. III, 24) : *Martem tunica tectum adamantina*. Une tunique de *diamant* ne pourrait s'admettre, et dans le vers de Virgile *solido* serait surabondant.

Page 62 : 1. *Gnosius.... Rhadamanthus*. Rhadamanthe, l'un des trois juges des Enfers. *Gnosius*, de Gnosse ou *Cnosse* (aujourd'hui Ginossa), dans l'île de Crète (Candie).

— 2. *Apud superos*, c'est-à-dire chez les hommes supérieurs aux Enfers (élevés au-dessus).

— 3. *Piacula* veut dire littéralement *action expiatoire*. Il est ici employé par métonymie. L'expiation est prise pour la *faute* qui y donne lieu : *fateri* l'indique assez.

Page 64 : 1. *Custodia*, pour *custos*. C'est Tisiphone.

— 2. *Genus.... Terræ*, *Titania pubes*. Les Titans étaient fils de la Terre.

— 3. *Aloidas geminos*. Otus et Éphialte, nommés aussi les Aloïdes, étaient fils de Neptune et d'Iphimédie, femme du géant Aloëus. Ils avaient, à l'âge de neuf ans, neuf coudées de grosseur et trente-six de hauteur. Ils périrent par les flèches d'Apollon et de Diane.

— 4. *Salmonea*, Salmonée, frère de Sisyphe et fils d'Éole. Pour imiter le tonnerre, il faisait courir son char sur un pont d'airain et lançait des torches enflammées sur ses sujets.

— 5. *Elidis*. *Elis* (aujourd'hui Kaloskopi, dans la presqu'île de Morée), était une des principales villes de l'Élide. C'est dans le voisinage d'Elis, et sur les bords de l'Alphée, que toute la Grèce s'assemblait pour célébrer les jeux olympiques. C'est donc aux lieux mêmes où Jupiter était le plus particulièrement honoré, que l'impie Salmonée faisait ces ridicules imitations du bruit et des feux de la foudre.

Page 66 : 1. *Tityon, Tityus*, fils de la Terre. Ayant voulu attenter à l'honneur de Latone, comme elle traversait les campagnes de Panope pour aller à Pytho, il fut tué, par Apollon et par Diane, à coups de flèches.

— 2. *Lapithas, Ixiona, Pirithoumque*. Les Lapithes habitaient la Thessalie, le long du Pénée. Rien n'est plus fameux en mythologie que l'inimitié et les combats des Lapithes et des Centaures. Dans ce passage *Lapithas* désigne non le peuple des Lapithes, mais Ixion, leur roi, et Pirithoüs son fils. Le premier voulut faire violence à Junon, et fut attaché dans les Enfers à une roue qui tournait sans cesse ; le second, ayant voulu enlever Proserpine, fut dévoré par Cerbère.

Page 68 : 1. *Fallere dextras.* La main droite se donnait en signe d'alliance, de paix, de fidélité. *Dominorum fallere dextras,* manquer à la foi promise, à la fidélité que doit le serviteur à son maître.

— 2. *Forma.... fortunave,* pour *forma fortunæ, genus supplicii.*

— 3. *Theseus.* Thésée, pour avoir voulu enlever Proserpine, fut condamné, à son retour dans les Enfers d'où Hercule l'avait fait sortir, à rester éternellement assis sur une pierre.

— 4. *Phlegyas,* père d'Ixion. Il eut une fille nommée Coronis qu'Apollon rendit mère d'Esculape. Phlegyas, pour se venger de cette injure, mit le feu au temple de Delphes. Son supplice et ses cris rappellent sans cesse aux hommes la justice des Dieux.

— 5. *Fixit.... atque refixit,* littéralement *attacher et détacher.* Ces expressions rappellent l'usage où étaient les Romains de graver sur des tables d'airain les nouvelles lois, et de les *attacher* (afficher) sur les places publiques.

Page 72 : 1. *Largior.... œther. Largior* a ici le sens de *liberior.* C'est un air plus abondant, moins resserré, *plus libre* enfin. *Non nostro largior,* dit Servius, *sed quam est in cœtera Inferorum parte.*

— 2. *Campos.... lumine vestit purpureo.* Ici *purpureo* a, comme presque toujours dans Virgile, le sens de *brillant, éclatant, étincelant.* C'est ainsi qu'Horace a pu dire : *Purpurei olores,* les cygnes éblouissants de blancheur.

— 3. *Threicius.... longa cum veste sacerdos.* Orphée était Thrace et fils du roi OEagre et de la muse Calliope, ou, suivant d'autres, d'Apollon et de Clio. — On attribue à Orphée l'établissement d'un culte religieux, d'où l'épithète *sacerdos.* — *Longa cum veste.* Une longue robe était l'habillement de ceux qui chantaient des hymnes en l'honneur des Dieux.

— 4. *Ilusque, Assaracusque, et Trojæ Dardanus auctor. Ilus* et *Assaracus,* fils de Tros, roi de Troie. — Assaracus fut aïeul d'Anchise, père d'Énée. — *Dardanus,* un des plus anciens rois de Troie. Il en est regardé comme le fondateur. C'est de lui que les Troyens sont appelés quelquefois *Dardanidæ.* Il avait épousé la fille de Teucer, roi de la Teucrie (Troade), et de là le nom de *Teucri* donné aussi aux Troyens.

— 5. *Lætum... pœana.* Chant de joie. *Pœan* était un hymne en l'honneur d'Apollon. Ce Dieu est quelquefois nommé *Pœan*. *Pœan con-trahit arcum* (JUVEN., sat. VI, v. 125).

Page 74 : 1. *Superne plurimus Eridani... volvitur amnis.* L'Éridan, aujourd'hui le *Pó*, prend sa source au mont Viso, dans les Alpes Cottiennes. L'élévation de cette source peut justifier l'expression *superne*, sur le sens de laquelle on n'est pas d'accord. Quelques-uns entendent par *volvitur superne*, *roule vers le haut*, c'est-à-dire, roule de l'Élysée sur la terre. Ce fleuve, qui coule dans le Mantouan, patrie de Virgile, est toujours décrit avec amour par le grand poëte. (Voyez *Georg.*, lib. IV, v. 371).

— 2. *Musœum*, *Musée*, poëte athénien, contemporain d'Orphée et de Linus. La fable le dit fils d'Apollon et de la muse Terpsichore.

Page 76 : 1. *Manus*, pour *fortitudinem*, *egregia facinora*. C'est la cause pour l'effet. Métonymie.

Page 78 : 1. *Sale Tyrrheno*. *Sal*, le sel, pour *mare*, la mer dont les eaux sont salées. La mer Tyrrhénienne est une partie de la Méditerranée entre la côte occidentale de l'Italie, la Sicile et les îles de Corse et de Sardaigne. C'est aujourd'hui la mer de Toscane.

— 2. *Quœ sint ea flumina porro*. *Porro*, au loin. C'est comme s'il y avait *late exspatiata*.

Page 80 : 1. *Principio cœlum ac terras, camposque liquentes*, etc. C'est le système philosophique de Pythagore, la métempsycose, ou transmigration des âmes. Dans ce système, le monde est regardé comme un seul corps dont toutes les parties sont mises en mouvement par une âme unique. Cette âme est universellement distribuée dans les corps célestes, dans les hommes et les animaux ; elle est dans tous les êtres de même nature, et la différence que nous remarquons entre ces diverses âmes ou intelligences, ne provient que de la différence des organes auxquels elles ont été attachées. (Voyez VIRG., *Georg.*, lib. IV, v. 220).

Page 84 : 1. *Aurai* pour *aurœ*, par décomposition en trois syllabes. Virgile dit ailleurs *aulai*, *aquai*, etc., pour *aulœ*, *aquœ*. C'est ce qu'on nomme une diérèse.

— 2. *Rotam*, la roue, le cercle, c'est-à-dire la révolution du temps.

— 3. *Pura.... hasta*. On entend généralement par ces mots un sceptre, une lance pure de fer, *cuspide carens*.

— 4. *Sylvius*. On donna le nom de Sylvius au dernier fils d'Énée parce qu'il naquit dans les bois, *in sylvis*. Ce nom passa ensuite aux rois d'Albe, *Albanum nomen*. Anchise, dans l'énumération de ces rois ne les nomme pas dans l'ordre où ils ont régné. On ne fait une note ici que pour le premier : Virgile les peint avec autant de vérité que l'histoire.

Page 86 : 1. *Civili quercu.* La couronne civique était faite de feuilles de chêne; elle était la récompense de celui qui, dans une bataille, avait sauvé la vie à un citoyen, en l'arrachant des mains des ennemis. Virgile la donne ici aux divers fondateurs des colonies des Latins.

— 2. *Septem.... arces.* Rome enfermait sept collines dans son enceinte, d'où elle est nommée quelquefois la *ville aux sept collines.* C'étaient les monts *Palatin, Quirinal, Cœlius, Capitolin, Aventin, Esquilin, Viminal.* On y ajouta ensuite le *Janicule* et le *Vatican.*

— 3. *Berecynthia mater.... turrita.* Cybèle, appelée *Berecynthia* du mont *Bérécynthe* en Phrygie, où elle était particulièrement honorée. — *Turrita.* On la représentait avec une couronne formée de tours ou créneaux.

Page 88 : 1. *Garamantas et Indos.* Les *Garamantes* habitaient l'Afrique au sud de l'Atlas. C'était le peuple le plus méridional que les Romains connussent dans cette région. — *Indos.* Ce sont ici les *Éthiopiens.* Les Romains appelaient *Indiens* la plupart des peuples de l'Afrique. (Voyez VIRG. de notre Collection, *Georg.*, lib. IV, v. 293, et aux *Notes*).

— 2. *Caspia regna....* etc. Le pays des Arméniens et des Parthes au midi de la mer Caspienne. *Mœotica tellus,* le pays des Scythes qu'on supposait placé sur le Tanaïs, à l'endroit où il se jette dans les Palus Méotides, aujourd'hui mer d'Azow ou d'Asoph.

— 3. *Erymanthi....* etc. *Erymanthe* (aujourd'hui mont *Xiria*), dans l'Arcadie. Hercule tua dans les forêts d'Érymanthe un monstrueux sanglier. — *Lernam, Lerne,* dans l'Argolide. C'est dans le lac ou marais de Lerne qu'était l'hydre tuée par Hercule. — *Nysœ, Nysa,* la résidence favorite de Bacchus, dont on fait tantôt un mont, tantôt une ville ou une île, et qu'on place en Éthiopie et le plus souvent dans l'Inde. — *Liber,* surnom de Bacchus, à cause de la liberté qu'inspire le vin.

Page 92 : 1. *Socer...* Jules César avait donné sa fille Julie à Pompée. Dès qu'elle fut morte la guerre éclata entre le beau-père et le gendre.

— 2. *Arce Monœci.* Le promontoire, le fort de *Monaco,* sur la côte de Gênes.

— 3. *Ne tanta animis assuescite bella,* transposition de cas, pour *ne tantis animos assuescite bellis.*

— 4. *Ille triumphata Capitolia ad alta Corintho*, etc. Cet *ille* désigne Lucius Mummius, qui prit et brûla Corinthe. Le second *ille*, deux vers plus bas, désigne Paul-Emile.

Page 94 : 1. *Excudent alii...* etc. Les Grecs qui excellaient dans les arts. Suivant quelques-uns, le premier et le second vers désignent plus particulièrement les Corinthiens ; *orabunt causas melius*, se rapporte aux Athéniens, *et cœlique meatus describent radio...* est dit en vue des Égyptiens, qui avaient de grandes connaissances en astronomie. — *Cœli meatus*, c'est-à-dire *cursus siderum*. — *Radio*, une baguette dont se servaient les géomètres anciens.

Page 98 : 1. *Tu Marcellus eris.* Il s'agit du jeune Marcellus, fils d'Octavie, sœur d'Auguste, qui lui avait donné Julie sa fille, et qui le destinait à être son successeur. Il mourut à Baïes, à peine âgé de vingt ans, et universellement regretté. Il fut inhumé dans le Champ de Mars. Deux ans après, Virgile lut chez Auguste, en présence d'Octavie, les vers qui composent ici l'éloge de Marcellus. Octavie s'évanouit. Cette princesse aimait son fils avec une tendresse inexprimable, et le deuil qu'elle en porta dura douze ans, c'est-à-dire autant que sa vie. Elle fit donner à Virgile autant de talents que cet éloge contenait de vers, somme qui équivalait à cent cinquante mille francs environ.

— 2. *Purpureos... flores.* L'épithète *purpureus* a le plus souvent dans Virgile et comme ici, le sens de *brillant, éclatant.* On l'a déjà remarqué dans ce livre, v. 641.

— 3. *Somni* pour *Somniorum.* Ces deux portes, l'une de corne, pour les songes véridiques, l'autre d'ivoire pour les songes trompeurs, sont une fiction d'Homère. Les songes font leur séjour sur un orme immense à l'entrée des Enfers. (Voyez dans ce livre, v. 283.)

Page 100 : 1. *Caietæ, Caïète* et mieux *Gaète* (*Gaeta* en italien), ville du royaume de Naples (Terre de Labour), sur la Méditerranée.

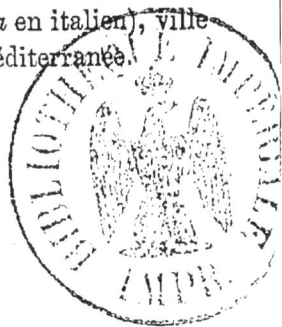

TRADUCTIONS JUXTALINÉAIRES

DES

PRINCIPAUX AUTEURS CLASSIQUES LATINS.

FORMAT IN-12.

*Cette collection comprendra les principaux auteurs
qu'on explique dans les classes.*

EN VENTE LE 1er OCTOBRE 1855 :

CÉSAR : Guerre des Gaules, 2 volumes.
 Livres I, II, III et IV réunis.
 Livres V, VI et VII réunis.
CICÉRON : Catilinaires (les quatre).
 La 1re Catilinaire séparément.
— Dialogue sur l'Amitié.
— Dialogue sur la Vieillesse.
— Discours pour la loi Manilia.
— Discours pour Ligarius.
— Discours pour Marcellus.
— Discours contre Verrès sur les Statues.
— Discours contre Verrès sur les Supplices.
— Plaidoyer pour Archias.
— Plaidoyer pour Milon.
— Plaidoyer pour Muréna.
— Songe de Scipion.
HORACE : Art poétique.
— Épîtres.
— Odes et Épodes. 2 vol.
  On vend séparément :
 Le Ier et le IIe livre des Odes.
 Le IIIe et le IVe livre des Odes et les Épodes.
— Satires.

LHOMOND : Epitome historiæ sacræ.
PHÈDRE : Fables.
SALLUSTE : Catilina.
— Jugurtha.
TACITE : Annales, 4 volumes.
 Livres I, II et III réunis.
 Le Ier livre séparément.
 Livres IV, V et VI réunis.
 Livres XI, XII et XIII réunis.
 Livres XIV, XV et XVI réunis.
— Germanie (la).
— Vie d'Agricola.
TÉRENCE : Adelphes.
— Andrienne.
VIRGILE : Églogues.
 La 1re Églogue, séparément.
— Énéide. 4 volumes.
 Livres I, II et III réunis.
 Livres IV, V et VI réunis.
 Livres VII, VIII et IX réunis.
 Livres X, XI et XII réunis.
 Chaque livre séparément.
— Géorgiques (les quatre livres).
 Chaque livre séparément.

À la même Librairie :

TRADUCTIONS JUXTALINÉAIRES

DES PRINCIPAUX AUTEURS GRECS,

à l'usage

des classes et des aspirants au baccalauréat ès lettres.

Ch. Lahure, imprimeur du Sénat et de la Cour de Cassation
(ancienne maison Crapelet), rue de Vaugirard, 9.

www.ingramcontent.com/pod-product-compliance
Lightning Source LLC
Chambersburg PA
CBHW060604100426
42744CB00008B/1313